ロードバイク ライディングのコツ60

プロが教える基本&トレーニング

愛三工業レーシングチーム監督
別府匠 監修

メイツ出版

喜び！

ロードバイクの魅力は風を切って駆け抜ける

トレーニングでレベルアップしてロードレースで勝利を目指せ！

風を切って駆け抜け、自分の力で長い距離を走り切る達成感は、ロードバイクだからこそ得られるもの。トレーニングに取り組んで、より良いフォームと技術を身につければさらに速く、もっと遠くへ走れるようになる。レースとなればゴールの喜びもプラスされ、誰しもが感動を覚えるだろう。

ロードレースはヨーロッパ発祥の自転車競技で、オリンピック種目としても1896年の第1回アテネ大会から実施されるなど、長い歴史を持つスポーツ。各国でレースが開催されており、ツール・ド・フランスやジロ・デ・イタリア、ブエルタ・ア・エスパーニャは世界的な注目を集める。

アマチュアでも出場できるレースは数多くあり、日本でも各地で盛り上がりを見せている。魅力たっぷりのロードレースの世界へ、ペダルをこぎ出そう。

この本の使い方

この本ではロードバイクでロードレースに出場するレベルまでのスキルアップを手助けします。本編ではロードバイクに乗るためのノウハウや練習法を〝コツ〟として紹介しています。

まずロードバイクのパーツや道具についての知識を学んでから、ライディングフォームの習得へと入り、練習メニューの実践、パーツ交換など、読み進めることで段階的に上達できる構成になっています。また、特に知りたい・苦手だから克服したいという項目があれば、そこだけをピックアップしてマスターすることもできます。

各ページには、紹介しているコツのマスターと、練習方法に関するPOINTがあげられています。理解を深めるための助けにしてください。

さらに巻末には、レースに関する章と、陥りがちな疑問に応えるQ&Aが設けてありますので、トレーニングに取り組む際の参考にしてください。

タイトル
このページでマスターするコツとトレーニングの名前などが一目でわかるようになっている。

コツ23
腰を浮かせてバイクを振るイメージ
ダンシングの動作とダンシング練習
CHECK POINT!
❶腰を軽く浮かせる
❷バイクを左右に振るイメージ
バイクを左右に振るイメージでペダリングする
サドルから腰を浮かせた立ちこぎの姿勢をダンシングという。より強くペダルを踏み込めるようになるため、加速したいときや登り坂の場面で有効だ。
ダンシングでは、腰をサドルからやや浮かす程度のイメージで動作すると良い。加えて、重心はバイクの中心から外さないことも大切だ。その姿勢でバイクを左右に動かすようにペダリングすることによって、力強いペダリングが可能になる。ダンシングを練習する際には、重めのギヤに設定すると良いだろう。ペダリングのリズム
66

解説文
コツと関係する知識を解説している。じっくり読んで理解を深めよう。

POINT
タイトルとCHECK POINT!に連動して、テクニックを習得するポイントを写真と文章で解説している。

CHECK POINT!
コツをマスターするためのポイントを紹介している。練習に取り組む際には、常に意識しよう。

PART 2

POINT 1 腰を軽く浮かせて重心はバイクの中心

立ちこぎの姿勢をとる際には、軽く腰を浮かす程度がベストだ。サドルに座った状態のシッティングと同様に、バイクの中心に重心を置こう。はじめてのダンシングではフラフラしやすいので、慣れるまでは重心をやや後ろに意識しても良いだろう。

POINT 2 腕を使ってバイクを振るイメージ

体の位置を一定にキープし、ペダリングに合わせてハンドルに力を入れる。手で押しながら、ペダルにしっかりと体重を乗せよう。ハンドルを握りすぎると、かえって動かしづらくなるので、軽く握ったまま行えるように練習する。

練習上達のPOINT 前のめりにならないように注意

バイクの上でバランスがとれないと、手に体重が乗って前傾姿勢になってしまう。これではスピードを出せないので、前を向くことを意識して動作を安定させよう。バイクの上で、頭を上下させることなくダンシングできることがベストだ。

プラスワントレーニング

登り坂でのダンシングを練習

ダンシングはリズミカルに力強く踏むペダリングのテクニックなので、登り坂でも効果を発揮する。平坦でダンシングできるようになったら、傾斜のある道でも練習しよう。登りだとハンドルを強く握りやすいので注意する。

67

練習上達のPOINT
練習をする上で、注意するべきポイントや悪い例を紹介している。

プラスワントレーニング
紹介しているテクニックの習得に適したトレーニング法を紹介している。

目次

※本書は2015年発行の『ロードバイク　最速トレーニング～プロも実践！レースで勝つコツ60～』を元に加筆・修正を行っています。

コツ 01

ロードバイクの魅力

ライディングを追求してレースの醍醐味を体感

自然の中を高速で駆け抜ける疾走感。
長く厳しい山を登りきる達成感は、
ロードバイクだからこそ得られる感覚。
現役時代は日本とヨーロッパを股にかけて活躍し、
現在は愛三工業レーシングチームの監督を務める
別府匠が語るロードレースの魅力！

中学生から ロードレースをはじめる

僕がロードバイクに乗り始めたのは13歳、中学1年生です。もともと家族でマウンテンバイクに乗っていたので、子どもの頃から自然と自転車に乗るようになりました。あるとき、馴染みのショップで「ロードレースをやってみたら?」と勧められ、ロードレースに出場するようになりました。

中学校では陸上部に入っていて、ロードレースはそれとは別の趣味として乗っていました。そこまで本気になっていなかったのは、大会に出ても集団走行が苦手で、いつも下位でゴールしていたからです。

高3がプロを目指す転機 ヨーロッパでキャリアスタート

のめり込んだきっかけは、中学2年生のときに出場した中学生のカテゴリーの全国大会です。それまでままならなかった集団走行が、スタートしてみたらできるようになっていたのです。コツをつかんだらグングン上位に入っていけるようになり、その大会で優勝することができました。**1番でするゴールがとても気持ち良く、ロードバイクに乗ることが楽しくなって、高校からはロードレース一本に絞って取り組むようになりました。**

プロを目指す転機は高校3年生のときでした。夏休みにヨーロッパに行けるチャンスがあり、1ヶ月間ロードレースの技術を教わりました。それまでほとんど自己流で乗っていたので、すごく勉強になりましたね。

そして卒業と同時にフランスの地元のクラブに所属し、プロレーサーとしてのキャリアをスタートさせました。1998年からフランスで4シーズン、2003年にイタリアで1シーズンを過ごしました。そして2004年からは日本に戻って、2010年まで現役でレースに出場しました。

引退後は監督として チームを統率する

現在は愛三工業レーシングチームの監督

をしています。ロードレースの監督は他の競技とは異なり、選手の指導をすることはあまりありません。役割としてはスケジュールやチーム予算の管理、スポンサー・サプライヤーの対応などマネージメントの部分が多いですね。プロのチームというのは既に出来上がっている選手が入ってくるので、アマチュアや部活動とは違って監督が面倒を見たりすることはほぼないのです。プロレーサーが指導を受ける場面としては、トレーニングのコーチからトレーニングメニューや体のケア、コンディショニングを方法を教わるくらいですね。

　しかしレースとなると、作戦を立てたりレース中のチームの意思決定も担うなど、監督の存在感が大きくなります。めまぐるしく変わるレース展開で、その都度最適な作戦を考え、全体の決定を行います。責任の重いポジションですが、それだけにやりがいがありますね。

技術とメカニックが組み合わさった ロードバイクの醍醐味

　ロードバイクの一番の魅力は、一般の自転車では到底出せないようなスピードを出せることです。さらに長い距離を走ったり山も登ったりだとか、いろいろなことができるので、スピード感や達成感などさまざまな感覚を得られます。

　やはり自然のなかを走るというのは楽しいもので、街で過ごす日常から離れる非日常感は醍醐味のひとつといえるでしょう。技術面でいえば、乗れば乗るほど楽にスピードが出せたり坂道を登れるようになるので、上達を体感できます。

　さらに機材もロードバイクに欠かせない要素です。**道具を使うスポーツなので機材の占めるウェートは大きく、パーツ交換や新しいアイテムを研究する楽しみがあります。**

　パーツはピンからキリまであって、良いものを使えば当然速くなりますが、ハイグレードだと軽量な反面壊れやすかったり、かえって扱いづらかったりもするので、どれを選んでいくのかというチョイスも重要ですね。ビギナーはまずは今持っているもので頑張って、どうしても物足りなくなったら交換する、というくらいの考え方で良いでしょう。取り組んでいれば自然と周囲から情報が入ってくるようになるので、あれこれ考えるのも楽しい作業です。

エネルギー効率の良い走りをマスターすることが、練習で取り組むべきテーマ。いかに体力を使わず、速く長い距離を走れるかがロードレースのカギを握る。

効率的な走りを追求することが上達のポイント

「いかに楽に速く走るか」がロードレースのカギになります。練習に取り組む際には、**効率の良いフォームで強い力を入れなくても走ることができる〝燃費の良い走り〟を追求してください。**

そのためにまずフィッティングがあり、バイクに対する体のポジション、上半身の使い方、そしてペダリングとそれぞれの技術が要求されます。全てを高精度で行えるようにトレーニングで苦手な技術やウィークポイントを補っていくことが、上達を目指す方法のひとつといえるでしょう。

仲間を増やしてロードバイクライフをもっと充実

日本でのロードレース人気は年々高まっていると感じます。しかし、まだ人口はそれほど多くないので、**乗り始めたら地元のクラブやロードバイクショップが運営しているクラブに通ってロードバイク仲間を増やすと良いでしょう。**

そこである程度上達すれば、レースに出られるようになります。レースは10代、20代など年代別でカテゴリーが細かく分けられているので、レースを通して同年代の選手とコミュニケーションをとって仲を深めていけば、どんどん輪が広がります。

レースにはヒルクラムやエンデューロなどさまざまな形式がありますから、気軽に参加できるところから出場してみると良いでしょう。また、ロードレースのイベントもたくさん開催されていますので、調べてみてください。

数は多くないですが学校によっては自転車競技部があります。上達を目指すには良い環境ですが、部によってはロードレースに加えてトラックレースもやっていたり活動内容が様々なので、もしロードレースだけを集中してやりたいということであれば、入学前に調べる必要があります。

もし自転車競技部に入れなかったとしても、各都道府県の自転車競技連盟に問い合わせれば高校生の大会に出場することはできますので安心してください。部活動以外

にも活動する場があることを理解した上で検討しましょう。

競技としてだけではない
レジャーとしての楽しみ

スポーツとしてはもちろん、レジャーとしても楽しめるのがロードバイクの特徴です。遠出して美味しいものを食べたり、カメラを持ってキレイな景色を撮影しに行ったり、海岸線を走るのは気持ちの良いものです。ロードバイクなら駐車場に困ることはほぼないですし、電車で運ぶことができるので、もし往路で体力が切れたとしても心配ありません。気軽に出かけることができ、いろいろな要素と絡めて楽しめます。

競技として取り組む環境としては、アップダウンがあって長い平坦もあって……と変化がある場所、たとえば島みたいな場所がベストです。いろいろな道が走れるのは練習になりますし、楽しいでしょう。

しかし都会は都会でフラッとロードバイクにまたがってカフェにコーヒーを飲みに行ったり、グルメやショップ巡りなどでライフスタイルを充実させることができます。ロードバイクはどんな場所でも楽しめるものですので、競技とレジャーの両面でエンジョイしてもらいたいですね。

CHECK POINT!

❶1番になる気持ち良さがのめり込むきっかけ
❷ヨーロッパでレーサーとしてのキャリアをスタート
❸監督はレースで重要な役割を担うポジション
❹ロードバイクを通して感じる非日常が醍醐味
❺機材と技術を組み合わせる楽しみがある
❻効率の良いフォームの習得が上達の道
❼クラブに入ってロードレース仲間を増やす
❽まずは気軽なレースからトライする
❾部活動に入れなくても大会には出られる
❿スポーツとレジャーの両面で楽しめる

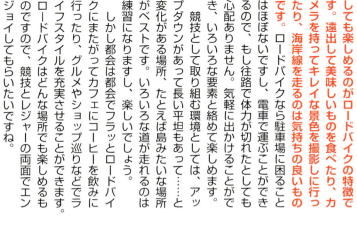

PART 1 ロードバイクをはじめよう

コツ 02

ロードレースとは

舗装路で競う自転車レース

CHECK POINT!

1. ヨーロッパ生まれのスポーツ
2. 国内は1日で勝負するレースが多い
3. レースには一人でも参加できる
4. パーツ交換も重要な要素

ヨーロッパ発祥の自転車競技

ロードレースは、ロードバイクを用いて道路やサーキットなど主に舗装路を走る競技。その中心は発祥であるヨーロッパにあるが、**日本においても1992年よりアジア最大といわれるレース「ジャパンカップ」が開催されるようになるなど、人気が高まっている。**

自転車のスピードや力強さといった競技的魅力に加え、パーツの交換などカスタムの面白味もロードレースならではの要素。また、スポーツとしてはもちろん、趣味や旅行などレジャーとしても楽しめるなど、それぞれにあった取り組み方を選ぶことができるので、幅広いニーズにフィットするといえるだろう。

POINT 1 ヨーロッパではメジャースポーツ 日本でも人気上昇

ロードレースはヨーロッパにおいて、自転車の発明から間もなく行われるようになり、その歴史は1890年代にさかのぼる。ヨーロッパではメジャースポーツとして親しまれており、日本においてもスポーツとレジャーの両面で愛されている。

POINT 2 レースの種類は多様 国内はワンデイが多い

レースは大きく、ツール・ド・フランスに代表される複数日かけて行われる「ステージレース」と、1日で勝負する「ワンデイレース」に分けられる。日本ではワンデイレースが多く、アマチュアが参加できるレースも多数ある。

POINT 3 一人でもチームでも レースに参加できる

国際レースはチームでの出場が基本。アマチュアレースは一人でも参加できる。今チームを組めるだけの仲間がいなくても、会場で親交を深めれば人数を増やしていけるだろう。まずは一人で楽しみ、徐々にチームで協力する醍醐味にも触れよう。

POINT 4 カスタムの面白味 技術との相乗効果

ロードバイクを操作して行うスポーツであるため、機材面が技術面や体力面と同等のウェートを占める。パーツの種類は多く、グレードも幅広い。経験を積むごとに機材についての知識が増えていくので、自分の実力にあわせてカスタマイズしていける。

コツ03

ロードバイクとは 高速・長距離走行に適した自転車

CHECK POINT!
❶ハンドルとサドルに体重を分散
❷最初は組みあがったバイクを購入
❸段階的にパーツをグレードアップ

※代表的な部品のみ紹介

競技用に特化した軽く細いフォルムが特徴

ロードバイクはレース用に特化した自転車で、空気抵抗を軽減させるためにかなりの前傾姿勢になる。**乗車時は、ハンドルとサドルに体重を分散させるのがポイント。多くのパーツを交換することができ、バイクを自分に合わせてレベルアップさせていくことができる。**

一般の自転車との違いとして、ペダルが挙げられる。足を固定して力を効率的に伝えられるが、転倒の危険もあるので注意が必要。また近年はディスクブレーキのバイクが増えてきている。写真のリムブレーキのバイクに比べると軽い力でブレーキできるが重量が重い。ディスクブレーキとリムブレーキはフレームを交換しなければ変更することができないので、購入時に選択することになる。

POINT 1 ハンドルとサドルで体重を支える構造

ロードバイクの乗車姿勢は一般の自転車とはまるで違う。サドルだけではなく、ハンドルにも体重を預けて、やや前傾の姿勢をとる。体への負担を分散できるため、長時間の走行が可能となる。しかしそのためには、正しいフォームの習得が不可欠。

POINT 2 まずはプロショップで完成車を購入する

パーツを自由にカスタマイズできるロードバイク。まず最初は一式が組みあがっている完成車を買うのが良い。その際にはプロショップなどの専門店に行くことがオススメ。まずは予算を中心に考えてバイクを選ぼう。

POINT 3 パーツのグレードはさまざまプロは100万円以上も

素材などによってパーツのグレードは変わる。プロのレースとなると、高額のパーツが装備されたバイクがズラリと並ぶ。アマチュアの競技者は自分のレベルに合わせて、段階的にバイクをグレードアップさせていくのが基本だ。

プラスワントレーニング

独特なペダルを使いこなす技術が必要

より速く正確なペダリングのためにシューズとペダルを固定するビンディングペダルが主流。しかし転倒の危険があるので、練習が必要。ある程度の走行技術が身につくまでは、一般の自転車と同じフラットペダルを使うと良い。

コツ 04

練習前のフィッティング

ロードバイクと体を合わせる

CHECK POINT!

❶サドルの高さを合わせる
❷サドルの前後位置をフィットさせる
❸ハンドルと上半身を合わせる
❹ステムはフォームに合わせた長さに
❺クリートは拇指球と合わせる
❻クリート位置は印を用いて決める

最初はショップで正確にフィッティングする

快適に走行するためには、ロードバイクと自分の体をフィットさせることが重要だ。そのために必要になる作業がフィッティングで、体格に合わせてバイクを調整して、走行時の効率性を高める。**大前提として、最初はショップでフィッティングをお願いしよう。どのショップでもフィッティングはしてもらえるので、しっかりと採寸して細かく合わせることが大切。**

ここではフィッティングの目安を紹介する。練習の前などにバイクと体が合っているか確認する際に活用しよう。乗っていくうちに変わる部分もあるので、微調整できると良い。

POINT 1 サドルの高さは伸ばしたときにカカトが真下

最初に、サドルの高さを確認する。その際には、まずペダルを踏んだ状態で足を下に伸ばす。まっすぐ下ろしたときに、カカトが体の真下にきていると正しい位置となる。自分では見えづらい位置なので、誰かに確認してもらうのも方法のひとつ。

足と地面を平行にする

このとき、下ろした足が地面と平行になっているかも確認する。足に角度ができない高さに、サドルを調節しよう。

POINT 2 サドルの前後位置をヒザとペダルで合わせる

サドルは高さだけではなく、前後の位置も調整する必要がある。その際にはペダルに足をつけて、クランク（ペダルとバイクをつなぐパーツ）が地面と平行になるように、ヒザを曲げた姿勢をとる。このとき、ペダルの軸（中心）とヒザの皿の裏あたりの位置が、直線で結べる位置だと良い。自然にペダリングできる位置に調整しよう。

POINT 3 ハンドルの高さは上半身の感覚で決める

ロードバイクのフォームでは、腰が入った姿勢が求められる。これにより上半身が固定されてペダリングがスムーズになるので、ハンドルの高さを決める際には、上半身が立って腰が入る位置を意識する。加えて、視野の確保が重要になるので、自然に前が向けることも確認する。

練習上達のPOINT

姿勢を低くしても顔は前を向く

ローラーで練習するときに、エアロポジションを意識した低い姿勢を取ってみるのも良い。常に前を見ることを意識して、下を向かないようにする。首の筋肉のトレーニングにもなる。最初は頭を上げ続けることがキツイが、首を鍛えることで慣れてくる。

POINT 4 ステムはフォームの習得してから調整する

ハンドルまでの長さを決めるステムは、上達するにつれて長くする選手が多い傾向がある。まず最初は、短めのものからスタートすると良いだろう。腕が伸びきらない自然な姿勢をとれることを意識する。フォームをマスターすれば、ベストな長さが見えてくるはずだ。

POINT 5 クリートの位置は拇指球に合わせる

ペダルと足の固定具であるクリートは、シューズの裏の拇指球（ぼしきゅう）の位置に取り付ける。ペダリングはペダルの軸と拇指球を合わせて行うので、ズレていると、力強く踏むことができない。

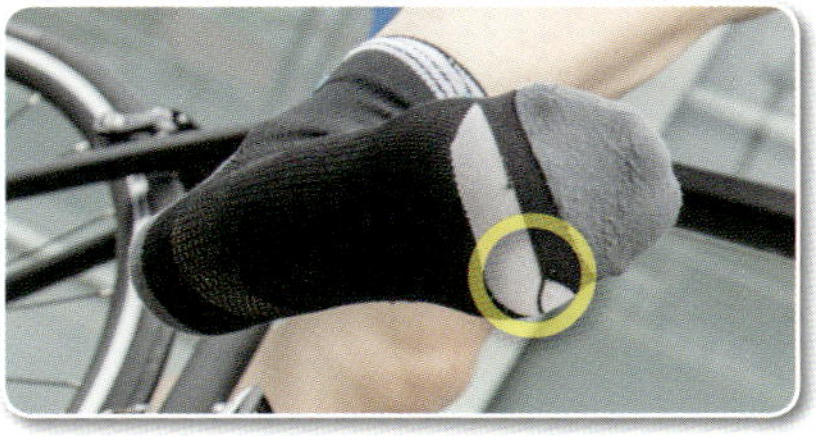

親指の付け根にある“拇指球”

足の親指の付け根にある、ふくらんだ部分のことを拇指球という。拇指球とクリートのフィットが、ペダリングのカギを握る。

POINT 6 印を利用してクリート位置を見つける

クリート位置を調整するときは、クリートの横にある印を利用すると調整しやすい。印を拇指球と合わせると、丁度ペダルの軸の中心と合うようになっている。このとき、内股やガニ股にならないように注意する。より気持ち良く踏めるところを追求することが、ペダリングをスムーズにするポイント。なおクリートの調整には、ドライバーやアーレンキーといった工具が必要になる。自分のシューズを見て必要な工具を揃えよう。

まず上記の方法でクリートと拇指球を合わせ、さらに細かな調整がしたくなったら、練習に取り組みながら位置を少しずつ動かそう。

CHECK POINT!

1. 7気圧を基本に調整する
2. 雨ならやや落としてグリップ力をあげる
3. キレイな道なら高めの空気圧でも良い

コツ 05

空気圧

7気圧を基本に道や環境に合わせる

雨の日は空気圧を下げてグリップ力をあげる

タイヤの空気圧によって、走行感が大きく変わる。数値が高いほど、タイヤが硬くなり、走行抵抗が低くなる。ただし、タイヤには最大空気圧が指定されて、たくさん空気を入れれば良いわけではない。7気圧（bar）を基準にして前後させると良い。

雨が降っている場合にはやや下げる必要がある。路面が濡れているとスリップしやすいので、空気圧を下げてタイヤを柔らかくするのだ。これによってタイヤと路面との接地面積が増え、グリップ力が高まる。逆に晴れの天気で、キレイに舗装された道を走るなら、7.5～8気圧まであげても良いだろう。走行コースやその日の環境に応じて、適した空気圧に調整しよう。

CHECK POINT!

1. 留め具を耳の下に
2. アゴ紐は口が空く長さ
3. 後ろをしっかり調整

コツ06

道具を揃える①ヘルメット

ぴったりと装着して頭をプロテクト

もしもの事故でも頭を守れるようにする

ロードバイクはレベルがあがれば、車と同等のスピードを出すことができる。体をむき出しにして走るのでそれだけ事故の際のリスクは高い。車と並走することが多いため危険な状況に陥る場合もある。それだけに安全面の危機管理は欠かせないもので、特に頭はしっかりとプロテクトしなければならない部分だ。

そのためにヘルメットは必要不可欠。レースはもちろん日頃の練習時からヘルメットを装着するように。なお正しい手順でかぶらなければ機能を活かすことができない。衝撃があっても頭から離れない装着方法を身につけることが大切だ。

POINT 1 アゴ紐の留め具が耳の真下にくるように

ヘルメットは水平になるようにかぶり、即頭部と後頭部から伸びて、留め具でまとまっている三角形の部分に耳を入れる。このとき、留め具が耳の真下にくるように調整することがポイント。フィットするように紐を引いて調整する。

POINT 2 口が開くようにアゴ紐の長さを調整

左右の耳を三角の部分に入れてヘルメットをかぶったら、次にアゴ紐をとめる。このとき、ぴったりにしすぎず、口を開けられるだけの長さの余裕を設ける。走行中に水分や食料を補給する際に、ちゃんと口が空くようにしておく必要があるのだ。

POINT 3 後頭部を調整ぴったりフィットさせる

最後に後頭部の調整を行う。後ろまでしっかりとフィットさせることで、走行中にズレることがなくなる。事故などもしものときにも頭を守れるようになる。この三段階を行うことを覚えて、正しくヘルメットかぶり、安全性を高めよう。

練習上達のPOINT

ゆるみがあったりズレているのはダメ

アゴ紐にゆるみがあると、衝撃ですぐにヘルメットがとれてしまうので注意しよう。また、ヘルメットがナナメになって額が見えているのもNGだ。前のラインが眉毛のすぐ上に位置するようにかぶる。

コツ 07

道具を揃える②シューズ

ペダリングの力を100%伝える

CHECK POINT!

❶ソールが強固になっている

❷アッパーを足に沿わせて履く

ロードバイクに適したソールとアッパー

シューズは、ペダリングに関連する重要な道具のひとつだ。ソール（足裏の部分）は固くなっており、踏む力をしっかりとペダルに伝えられる。そしてアッパー（足の甲を覆う部分）は細かな調整によって足を固定できるようになっており、程よくしめつけることで足を引きあげる力もペダリングに加えられる。

足とフィットすることが重要なので、ショップで選ぶ際にはロードバイクに乗るときに履くソックスを着用して行ったり、**時間帯によって足の大きさが変わることも考慮して、普段練習する時間に試し履きするなど工夫しよう。**足は左右で形が違うので、両足とも履くことも大切。

POINT 1 専用のシューズはソールが固くなっている

ロードバイク用のシューズは、普段履いている靴とはかなり異なる構造をしている。特に目を引くのはソールの部分だ。非常に強固な作りになっており、ペダリングの力を逃がすことがない。素材にはカーボンや樹脂など、さまざまなものがある。

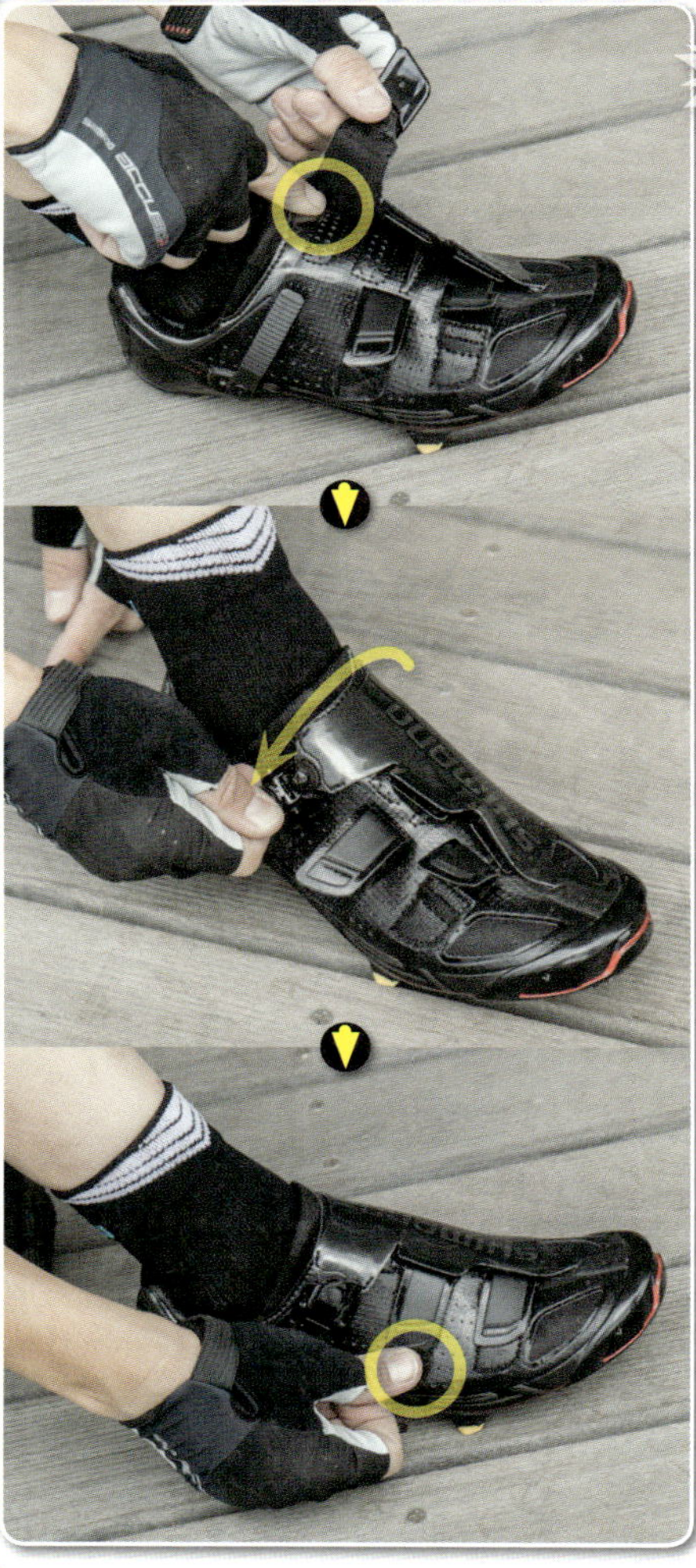

POINT 2 アッパーで足を固定しめすぎに注意

ロードバイクのシューズは、足の甲にあたるアッパーのフィッティングも重要になる。ペダリングの際に引き上げる力が加わるので、足とシューズが固定されていないと靴擦れの原因にもなる。履き方は、かかとの位置を合わせ、足首に近いストラップから順に締めていく。時間が経つにつれて足はむくみ、大きくなるので、最初にストラップを締めすぎると、足がしびれてくるので、注意が必要。こまめに締め付け具合を調整しよう。

コツ08

風や雨を防いで快適に走行する

道具を揃える③グローブ・アイウェア・ソックス・キャップ

CHECK POINT!

1. キャップで寒さ・雨対策
2. グローブで手のグリップを維持
3. くるぶしをソックスで隠す

アイウェアを装着して目を守る

ロードレーサーはアイウェアの着用が必須だ。なぜサングラスではなくアイウェアなのかというと、日差しを避ける以外にも多くの着用目的があるからだ。

ハイスピードで走ると目は風で乾き、またゴミやほこり、虫などが目に入る危険もあるので、目も守る道具として着用する。また雨の日には水も防ぐことができる。ゆっくり走らない限りは、必要不可欠な道具なのだ。

レンズにはさまざまな種類があり、視界のコントラストを上げる、サングラスのようにまぶしさを抑えるなど、それぞれ異なる効果がある。シーンに合わせて使い分けられるとベストだ。

POINT 1 キャップをかぶって寒さと雨を避ける

頭に装着するのは基本的にはヘルメットだけでOKだが、寒いときにはキャップをかぶる。ヘルメットは通気性のために穴が空いており、寒さをしのげない。ヘルメットの下にキャップをかぶって熱をためると良い。またキャップは雨よけとしても効果的なので、天候が悪化する可能性がある日には持参したい。

POINT 2 グローブを装着し手の滑りを防ぐ

汗をかくとハンドルを持つ手が滑る危険があるので、走行時にはグローブを着用すると良い。転倒時のケガ防止にもなるので、安全を確保するためにもなくてはならないグッズだ。また、グローブによっては手の甲がタオル地になっており、汗をふくことができる。

POINT 3 ソックスは最短でもくるぶしが隠れる長さ

ソックスはある程度の長さが必要。骨の出っ張っている部分はケガしやすいので、短くてもくるぶしが隠れるものを着用する。通気性と速乾性に優れるなど、快適に走ることを目的として作られている専用ソックスの着用がオススメだ。

コツ 09

道具を揃える④ペダル

フラットから始めてビンディングを目指す

CHECK POINT!

❶慣れるまではフラットペダル
❷フラットでも拇指球を意識
❸引く力も加えるビンディング
❹前に力を入れて差し込む
❺カカトをひねって外す

ビンディングペダルは走行に慣れてから

ロードバイクではビンディングペダルという特殊な、専用のペダルを使う。クリートと呼ばれるカギ爪で足とペダルを固定することで、より力強くスムーズなペダリングが可能となる。しかし、慣れないうちはクリートの抜き差しがスムーズにいかないなど難しいので、まずはフラットペダルという一般の自転車と同じペダルを使う。

フラットペダルでロードバイクに乗り、慣れて支障なく走行できるようになったらビンディングペダルに交換しよう。このハードルを超えると、走行が格段に快適になりスピードも上がる。

POINT 1 足を自由に動かせるフラットペダル

足を固定しないフラットペダルは、バランスを崩してもすぐに足を地面につけるので転倒の危険が少ない。ロードバイクは最初のうちはバランスを崩しやすいので、まずは安全性の高いフラットペダルでフォームの基本を身につける。

POINT 2 フラットペダルでも拇指球で軸をとらえる

フラットペダルとはいえ、乗車時のフォームのポイントはしっかりと押さえること。拇指球でペダルの軸をとらえることを意識してペダリングしよう。正しいフォームで動作していれば、ビンディングペダルへとスムーズに移行できるようになる。

練習上達のPOINT

カカトで踏むのはダメ普段から意識する

ロードバイクでない自転車でも、拇指球の位置を意識して、円を描くようなペダリングを心がけよう。ペダルを踏む位置はサドルのポジション、さらにはバイクフィッティング全体にも影響する。普段から効率の良いペダリングを目指してみよう。

POINT 3 ペダリングに引く力も加える ビンディングペダル

ビンディングペダルにも幾つかの形式があるが、ほとんどは踏み込むことでクリートがペダルに固定される。クリートは樹脂製で磨耗しやすいので、できるだけ歩かないように心がけ、消耗したら早めに交換すると良い。

POINT 4 クリートを入れて固定する ステップイン

ペダルにクリートを入れる動作のことを、ステップインという。力を込めて踏み込む動作となるが、強引に入れようとしても最初はなかなか入らない。下ではなく、前に力を入れることがポイント。何度か繰り返して感覚をつかもう。

POINT 5 足首をひねって ペダルから外す

ペダルからクリートを外すには、足首を外側にひねる。真横にスライドさせるようなイメージで動作すると良いだろう。慣れれば簡単にできる動作だが、咄嗟の場面だとなかなかうまくいかない。実走前に壁によりかかるなどして着脱の練習をしておくことが大切だ。誰でも一度は転倒を経験するようなものなので、最初のうちはスピードを出しすぎず、段階的に上達していこう。

ペダル交換の手順

ペダルの交換を始め、パーツ交換はショップでしてもらうことをオススメする。メカトラブルは時に命にも関わる事故に結びつくこともある。そのことをしっかりと理解して、正しい技術を身につけてから自分で行うのが良い。

なお、ここではペダルの取り付け方を紹介する。外し方は逆の手順になる。

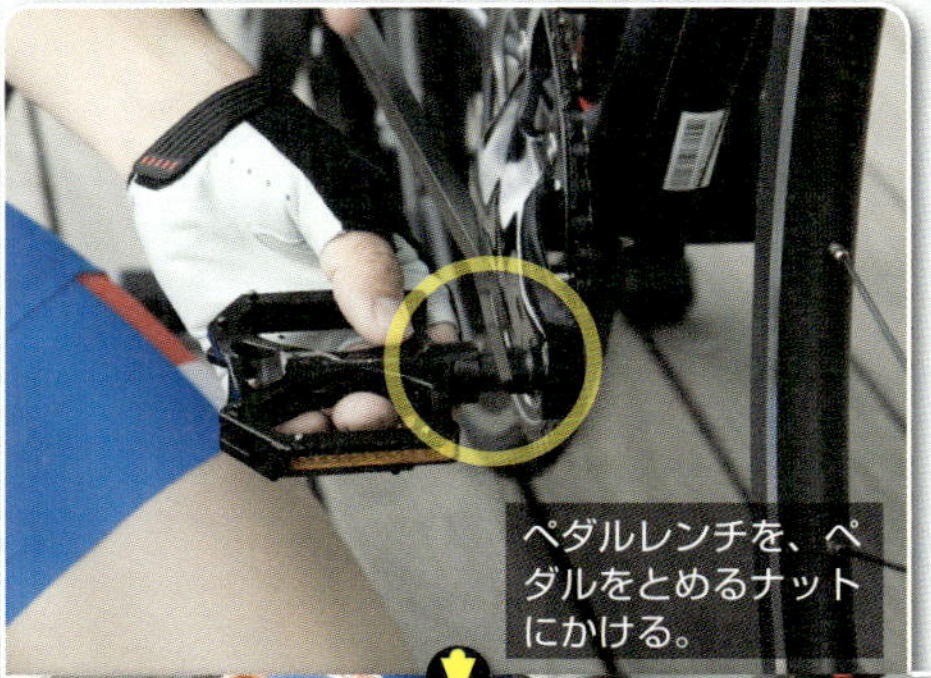

ペダルレンチを、ペダルをとめるナットにかける。

ペダルレンチを右方向に回す。左側は逆ネジなので注意。

ゆるみがないように、ナットをしっかりとしめる。

ペダルによってはアーレンキーが必要

ペダルの種類によっては、ペダルレンチではなくアーレンキーを使い、裏側から差し込んで回すなどして取り付けるものもある。自分のペダルを見て、必要な工具があれば購入しよう。

CHECK POINT!

❶水拭きして汚れを落とす
❷チェーンについた汚れを除去
❸注油して動きを良くする

コツ 10

練習後のメンテナンス

練習後には欠かさず汚れを除去する

バイクをキレイに保つことはバイクの耐久性を保つこと

ロードバイクのメンテナンスは欠かせない作業だ。ここでは、日常的に行うメンテナンス法を紹介する。細かな調整、より専門的なパーツの整備についてはショップに相談しよう。

　バイクに乗車するたびに施すメンテナンスは汚れの除去だ。水拭きでフレームなどを拭き、チェーンは専用のチェーンクリーナーを用いて汚れを拭き取り、注油する。簡単な作業だが、これらの有無でバイクや各パーツをより長持ちさせられるようになるので、習慣づけて欠かさず施そう。なお洗剤や油などは、専用のものをショップで購入する必要がある。

POINT 1 フレームなどを水拭きする

練習などでバイクに乗ったら、タオルやクロスなどで空拭きしておこう。汚れがひどい場合はかたく絞ったタオルなどを使おう。なお、ホイールとチェーンは水拭きせず、フレームなどを中心に砂埃などの汚れをとる。習慣的に行い、バイクをキレイに保とう。

POINT 2 チェーンは専用の洗剤で汚れを除去する

チェーンは油を差しているので、汚れが付着する。そのままにしているとギヤが傷つくので、専用のチェーンクリーナーをつけてタオルで拭き取り除去する。これにより、長持ちさせることができる。

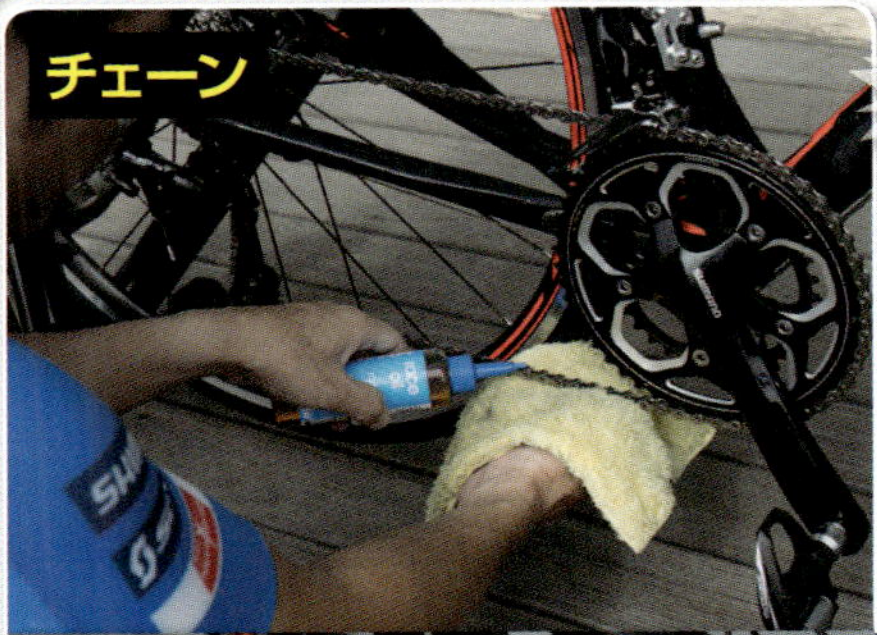

POINT 3 チェーンを洗浄したら必ず注油する

バイクのチェーンへの注油は、動きを滑らかにするだけでなく、チェーンやギヤの消耗を防ぐことにもなる。チェーンを洗浄した後や、雨の後には必ず注油するようにしよう。ディレイラーのジョイント部分やプーリー（ディレイラーにある小さなギヤ）にも注油することを忘れずに。

コツ 11

練習・レース後のロードバイクの保管
室内に置けないときはカバーをかける

CHECK POINT!

1. 屋外ではカバーをかける
2. ゆるんだギヤに設定する

バイクを休ませ風や雨から守る

ロードバイクは強固にできているが、精密なパーツも数多くあるので、保管には気をつけなくてはならない。ベストは、屋内に置いておけること。事情で屋外に出さざるを得ない場合には、**カバーをかけて保管するようにしよう。風や雨などから守ることによって、バイクの耐久性をキープできる。**全体をしっかりと覆おう。

なお保管時には、バイクを休ませること。ギヤをインナートップにすることで、チェーンやディレイラーなどの負担を減らすことができる。保管している時間は乗車時間よりもずっと長いので、設定を間違うと思わぬ故障に陥る危険もある。充分に注意しよう。

POINT 1 カバーをかけてバイクの耐久性を保つ

室内にバイクを置くスペースがなかったり、出掛けた先でバイクを長時間置いておかなければならない場合には、カバーをかけて保管する。これにより、雨風からバイクを守って耐久性を保つことができる。カバーをかける際には全体をしっかりと覆って、車体を外気にさらさないようにする。通勤や通学などで頻繁に乗る環境だと、ついつい面倒臭がりがちだが、徹底して行うことがバイクの為になる。

POINT 2 保管時のギヤはインナートップ

保管する際には、ギヤをインナートップにする。これは前のギヤを内側（インナー）、後ろのギヤを外側（トップ）にすることをいう。最もチェーンがたゆみ、ワイヤーがゆるんでいる状態となり、テンションがないため引っ張る力がかからず、各所に負担がかからないので、保管にベスト。練習を終えたらギヤを保管用に設定して、バイクをリラックスさせよう。

コツ 12

安全確認

ルールを守って安全運転を心がける

CHECK POINT!

❶ライトをつける
❷ベルを装備する
❸後方に反射板
❹周囲に気をつけて走る

装備を整えて 自動車と歩行者に配慮

練習でのコースは公道がメインとなる。歩行者や自動車がいるなかでの走行となるので、ロードバイクも軽車両としてルールに則って走らなければならない。**まず必要になるのが、交通の装備だ。ライトとベル、リフレクターをバイクにとりつけて走行する。**装着していないと取り締まりの対象となるので、しっかりと揃えよう。

次に気をつけなくてはならないのが交通ルールだ。軽車両として左寄りで走行し、交差点では二段階右折をする。また飲酒運転はもちろんのこと、走行中の携帯電話の使用なども違法行為や違反行為となるので充分に注意しよう。

POINT 1 前方にライトをつける 色は白系

ハンドルに前方へ向けてライトをつける。色は白系であることが決められている。ライトは交通ルールはもちろん、夜間の運転でも活用する重要な装備だ。街灯が少ない山などでは日の入りを向かえると途端に暗くなるので、視界を維持しよう。

POINT 2 ベルを装備する しかし無闇に鳴らさない

ライトと同じく、ハンドルに音を出すためのベルを装備する。走行中に歩行者に対してベルを鳴らす光景を見かけることがあるが、公道では歩行者優先が基本で、ベルによる進路確保は原則禁止されているので、無闇に鳴らさないように気をつける。

POINT 3 後方に向けて リフレクターをつける

自動車などのライトに対して反射して、存在を知らせる道具をリフレクター（反射板）といい、サドルの下などに装備する。ロングライドで夜間走行する場合、リフレクターだけでは心もとないということであれば、テールライト（尾灯）をつけると良い。

POINT 4 常に周囲に気をつけて 自動車の死角に入らない

交通量の多い場所では、事故の危険性が高い。自動車に巻き込まれるなど、死角に入ることで起きる事故が多いので、自分の存在を知らせる配慮をしよう。また、急な歩行者の飛び出しなどもあるので、常に周囲を気にするように心がけよう。

コツ 13

トレーニングライドの準備⑪サドルバッグ

タイヤのパンクに対応する装備を整える

CHECK POINT!

1. 3つの道具が最低限必要
2. チューブはコンパクトにする
3. サドルの下なら邪魔にならない

工具類を収納するコンパクトなバッグ

練習やロングライドで走るときは、タイヤのパンクに備えてから出かけよう。徒歩では到底帰れず、近くに交通機関もないような場所でパンクしてしまうと途方に暮れてしまうので、スペアと交換するための道具を揃えておく必要がある。

こういう道具類の持ち運びは、リュックなどを使うよりサドルバッグのほうが便利だ。**その名の通りサドルの下に装着できるコンパクトなバッグで、替えのチューブとタイヤレバー、ポケットツールを揃えられる。**なお空気を入れる携帯ポンプは、大きいので背中のポケットに入れるなどすると良い（P45参照）。

POINT 1 パンク修理で必要になる3つの道具

タイヤがパンクした場合に、その交換にはいくつかの道具が必要になる。

・スペアチューブ

タイヤとチューブが分かれているクリンチャータイヤならば、チューブの交換のみで走行が可能。

・タイヤレバー

タイヤを取り外す際に必要になる道具。差し込んで、ホイールからタイヤを外す。

・ポケットツール

1つでさまざまな工具の役割を担える。

※タイヤ・チューブの交換の方法は、P124-127を参照。

POINT 3 サドルの下に装着取り出しやすい構造

サドルの後ろに装着すれば、走行の邪魔にならない。つけたまま道具を取り出せる構造になっているので、スムーズに作業にとりかかれる。なお、大容量の大きなサドルバッグを使うと、ロングライドや自転車旅にも対応できる。

POINT 2 チューブを巻いてコンパクトに収納

サドルバッグは小さいが、道具をまとめれば充分に収納できる。タイヤレバーとポケットツールは元から小型なので簡単に入れることができ、チューブも柔らかいのでぐるぐると巻いたり、細かく折っていけばコンパクトにできる。

コツ 14

トレーニングライドの準備②ジャージのポケット

必要なアイテムをまとめてポケットに入れる

CHECK POINT!

❶ジャージのポケットを活用
❷出発前に日焼け止めを塗る

アクシデントなどに対応するケースを用意

練習で遠くまで走りに行く際には、お金や身分証明、携帯電話などを持参して、万一のケースに備えよう。**アクシデントで電車での帰宅を余儀なくされた場合などにはお金、事故の際には身分証明が必要になり、外部との連絡や地図の確認ができる携帯電話は不可欠だ。**

加えて、薬も持つと良い。体が冷えたり、高温の内を走っている際の急な体調の変化に対応することができる（痛み止め、下痢止めなど）。これらをまとめて収納できるケースを用意し、ジャージのポケットに入れよう。

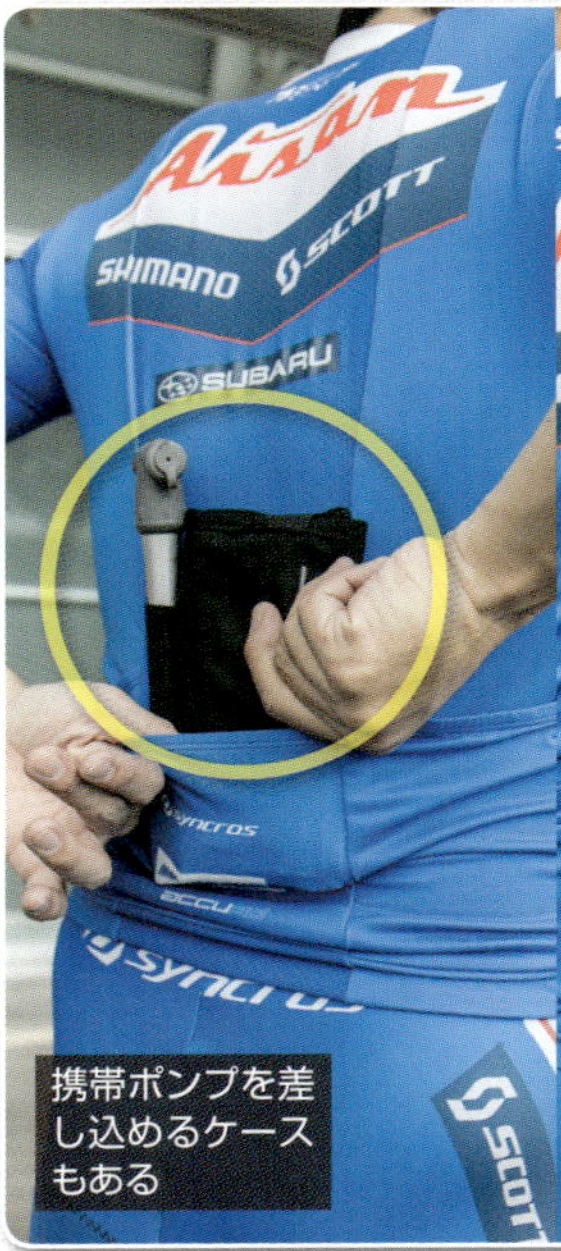

携帯ポンプを差し込めるケースもある

ケースと携帯ポンプをポケットに収納

POINT ❶ ジャージのポケットにアイテムを入れる

ロードレーサー用のサイクルウェアには、背中にポケットが主に3つついている。落ちにくい構造になっており、体に密着しているので落としたとしても気づきやすい。アイテムを収納したケースや携帯ポンプ（パンクした際に使用する簡易の空気入れ）の他にも防寒具やレインウェア、補給食なども入れられる万能ポケットだ。

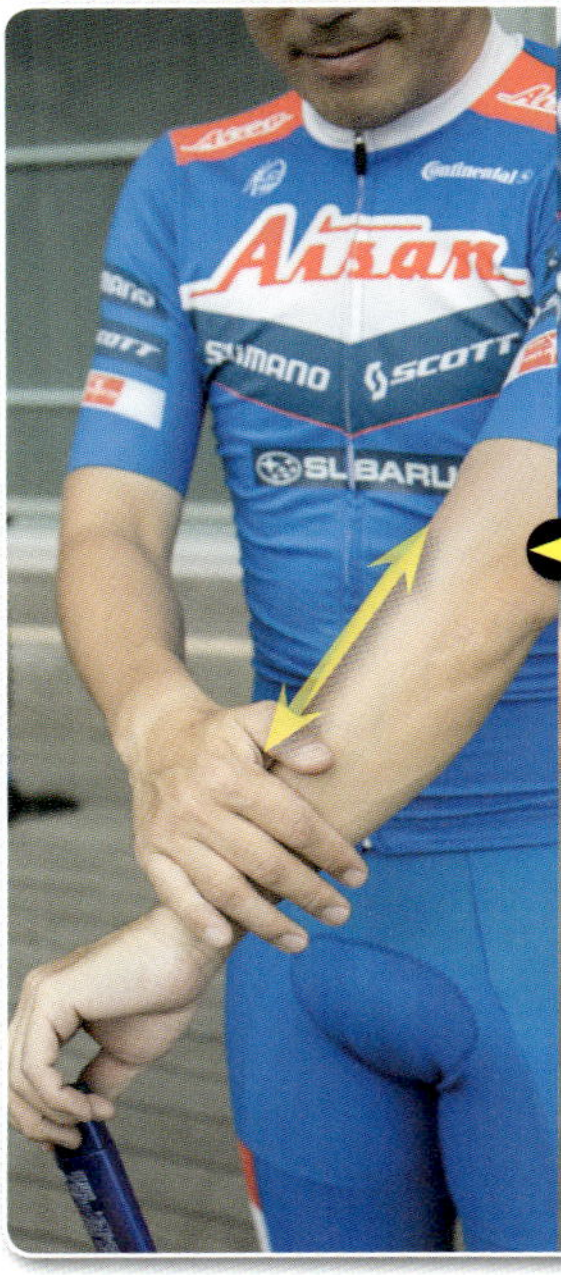

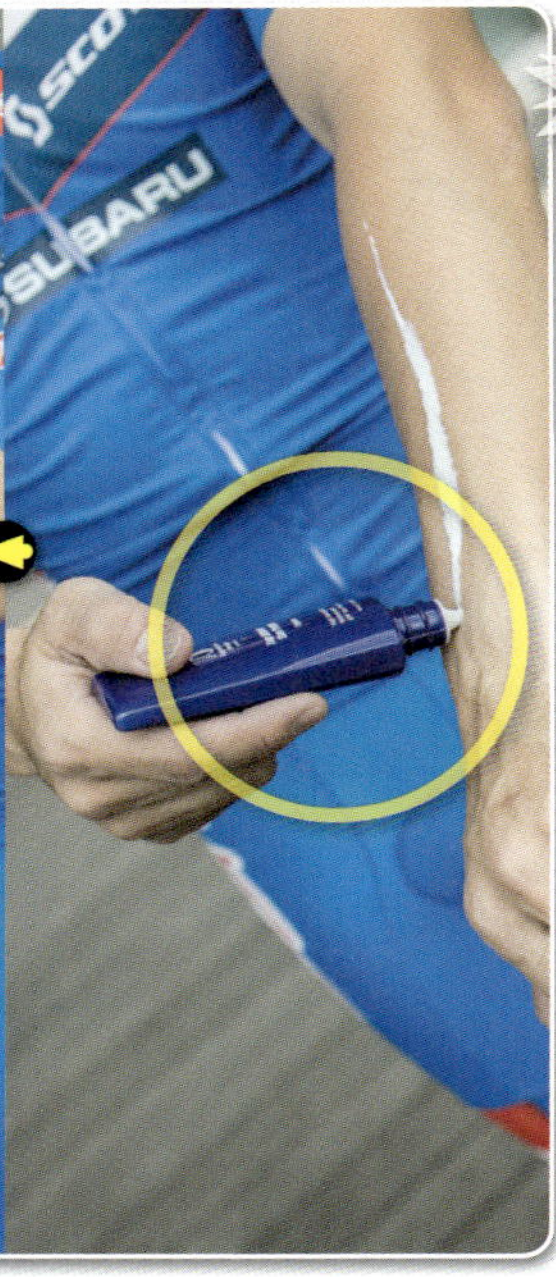

POINT ❷ 日焼け止めは出発前長く走るなら持参する

出発の前に日焼け止めを塗っておくと良い。肌が出ている部分に入念に塗ろう。手で入念に馴染ませれば効果をキープできるが、長く走ると汗などで落ちてしまうので、長時間になる場合は持参したい。コンパクトなものならジャージのポケットにも入るので、走行の邪魔にならない。

CHECK POINT!

❶車の多いコースは避ける
❷自転車のルートを検索
❸スマートフォンで調べると良い

コツ **15**

トレーニングライドの準備③コースの下調べ

スマートフォンを活用して道をチョイス

安全に走れる道を インターネットで調べる

行き当たりばったりに走るのも楽しみ方のひとつだが、じっくりと練習をするためにはコース選択が重要だ。思い切り走れる道ならば、ライディングに集中できる。

ポイントは、車の多い場所を避けること。通行量の多い道路やバイパスなどは走りづらく、事故のリスクもあるので危険だ。**自転車ルートを検索できるウェブサービスなどを活用しよう。最近ではスマートフォンでも手軽に調べられる。出かけた先でルートを調べなおすこともできて便利だ。**

良いコースが見つかれば、練習コースとして繰り返し走ることができる。

CHECK POINT!

1. 筋肉を温めて準備する
2. ストレッチにはケガ予防の効果がある
3. 股関節周りを入念に伸ばす

コツ 16

練習・レース前の準備運動（ストレッチ）

筋肉を伸ばして走る準備をする

ストレッチで体を温めケガを予防する

練習開始からいきなり100%の力を発揮すると、筋肉に無理な負荷がかかりケガをしてしまう危険がある。練習の前には準備運動を心がけよう。効果的なのはストレッチで、筋肉を伸ばすことで体が温まり、ケガをしづらい運動に適したコンディションになる。さらに体の柔軟性が高まるので、関節の可動域が広がるなど動作の質も向上する。**ロードバイクの走行では特に股関節周りを使うので、入念なストレッチを心がける。**

　それぞれ15秒程度、呼吸しながらじっくりと伸ばそう。なお、ウォームアップとしてはもちろん、練習後のクールダウンとしても有効。血流を促進することで、疲労回復を速められる。

POINT 1 一方の足を伸ばし モモ裏と背中のストレッチ

床に座って、一方の足を横に伸ばす。ヒザを曲げずに真っ直ぐにし、同じ側の手でその足のつま先にタッチできると良い。逆側も同様に行い、まんべんなく伸ばす。

POINT 2 両足をつけて体に寄せ 股関節のストレッチ

座った姿勢で、両足の裏を体の前でつける。それぞれのつま先を両手でつかみ、カカトを体につけるように近づける。ヒザを下へ、下げるようにする。

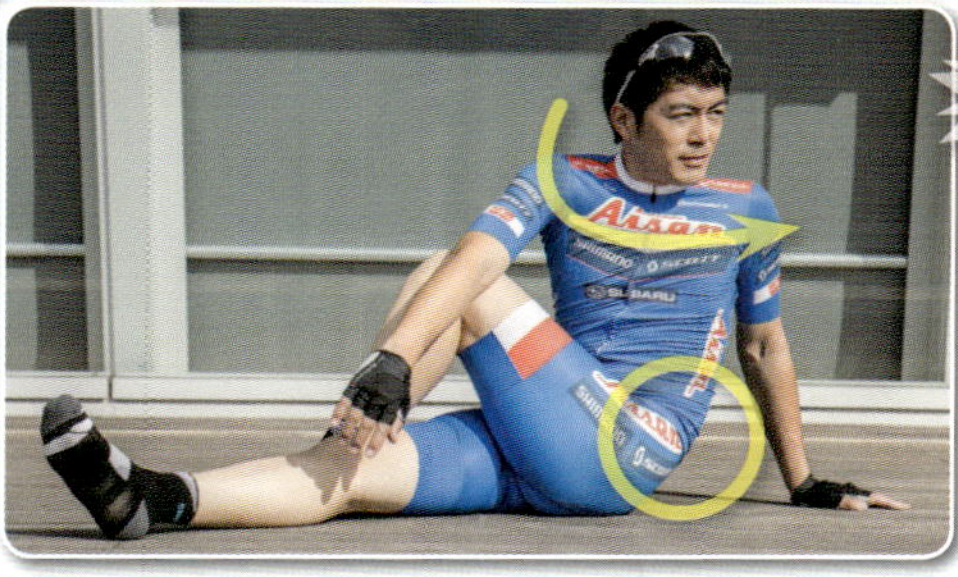

POINT 3 上半身をひねる 体側のストレッチ

両足を前に伸ばして座り、一方の足のヒザを立ててクロスさせる。その足に反対側のヒジをかけて上半身をひねり、体側を伸ばす。しっかり伸ばしたら、逆側も同様に行う。

POINT 4 ヒザを逆側に倒し 臀部のストレッチ

仰向けになり、一方の足のヒザを持ち上げ、腰をひねって逆側に倒す。このとき、肩を浮かさず床につけたままキープする。充分に伸ばしたら、逆足にスイッチする。

POINT 5 ヒザを両手で抱え臀部のストレッチ

仰向けになり、一方の足のヒザを持ち上げて両手で抱える。腕に力を入れて、モモを体に引き寄せる。逆足は伸ばしたままキープする。片方を伸ばしたら逆足にスイッチし左右行う。

POINT 6 一方の脚部をたたんでモモのストレッチ

両足を伸ばして座った姿勢から、一方の足のヒザを曲げて、カカトを尻につける。折りたたんだところで、後ろ手をついて重心を後ろにかけ、モモを伸ばす。逆側も同様に行う。

POINT 7 片腕を抱え込んで肩のストレッチ

一方の腕を正面に伸ばし、逆側の腕をそのヒジのあたりに引っ掛けてる。腕が真横に向くように体に引き寄せる。逆側も同様に行う。

POINT 8 二の腕を頭に沿わせて首のストレッチ

一方の腕を持ち上げ、二の腕を頭に沿わせるように近づける。このとき、耳の後方に腕を当てることがポイントで、ヒジは曲げる。逆側も同様にストレッチ。

POINT 9 頭を落として首のストレッチ

両手を後頭部で組み、その姿勢から顔を下向きにするように、ゆっくりと力をかける。首の筋肉を伸ばすことができるが、無理に行うと痛めるので注意。

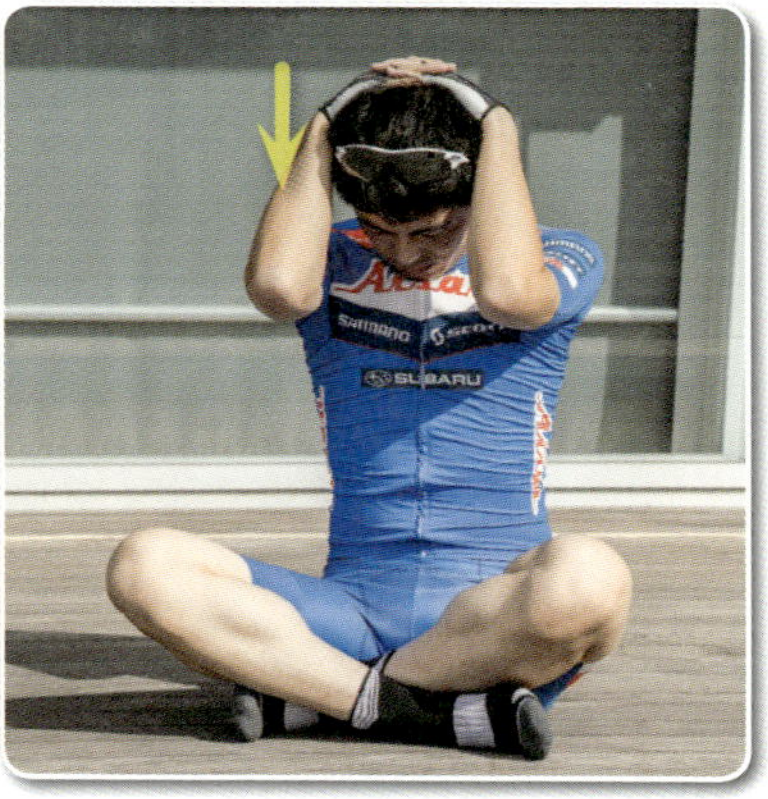

POINT 10 ヒザを曲げてモモのストレッチ

立位の姿勢から一方の足のヒザを曲げ、その足を対角の手で持ち、カカトと尻をつける。バランスがとれない場合は、壁に手をつく。逆側も同様に筋肉を伸ばす。

POINT 11 立位で前屈し脚部裏のストレッチ

両足を揃えて直立する。背すじを伸ばした姿勢から、腕を真下に向けて上半身を曲げる。ヒザを曲げないように注意する。両手でつま先にタッチできると良い。

POINT 12 足を開いて腰を落とし股関節のストレッチ

両足を開いて立ち、腰をヒザが直角になるまで曲げる。その姿勢から両手をそれぞれヒザに置き、一方の肩を入れる。逆側も同様に行う。

PART 2 ロードバイクに乗ろう

CHECK POINT!
❶上半身を固定する姿勢をとる
❷上半身のつぶれに注意する

コツ **17**

ライディングフォームをチェック

上半身を立てた姿勢をとる

腰を入れた姿勢で脚部を独立させる

ロードバイクのライディングフォームで重要になるのは、上半身を固定させること。これにより、ペダリングを行う脚部が独立して動くようになり、力をロスすることなくペダルを踏めるようになる。**ハンドルに手をかけたら腰を入れて上半身を立てるようにする。**顔が下向きになったり、前に体重をかけすぎたりしないように意識しよう。

なお、乗る際にはバイクを止めた状態でまたがる。飛び乗ると、アンバランスな状態になりやすく、転倒の危険があるので注意しよう。

POINT 1 腰の入った姿勢で上半身を固定する

ハンドルとサドルの両方に、体重を分散する乗車姿勢をとる。このとき、上半身を立てることがポイントとなる。腰の入った姿勢をとることで、上半身が固定されて、ペダリングする際に脚部を効率良く使えるようになる。ヒジを軽く曲げて、リラックスさせる。

POINT 2 上半身がつぶれるとペダルに力が伝わりづらい

顔が下向きになるなど、背中が曲がって上半身がつぶれる姿勢になると、脚部が力を発揮できない。つけ根である腰が不安定な状態になり、力が逃げてロスが生まれるのだ。腕は曲げすぎないように意識しよう。また、下を向いて前を見ることができないと危険な状況なので、絶対にしないように。

練習上達のPOINT 練習・レース中のフォームの乱れに注意

体重をハンドルとサドルで、バランスをとって支えることが大切。手に体重をかけすぎて、前傾姿勢になってしまうのはNGなので注意しよう。普段は正しいフォームで走行できていても、レースや練習の長い時間の乗車によって疲労がたまり、無意識に体重が前にかかって悪い姿勢になってしまうことがあるので、常に正しいフォームを意識しよう。

コツ 18

ハンドルポジションの違いと使い分け

手を置く意識で軽く握り3種を使い分ける

CHECK POINT!

❶基本ポジションのブラケット
❷ゆっくり走るアップライト
❸スピードを出すドロップ

簡単な握り方から順番にマスターする

ハンドルは力を入れず、軽く握ることがポイントとなる。**腕を軽く曲げハンドルを押し、「手を置いておく」ようなイメージを持つ。**すると手に無駄な力が入らず、自然と上半身が立って、腰の入った理想的なフォームを作れるようになる。力みがあると体が縮こまって、窮屈なフォームになってしまうので注意しよう。

なおハンドルの持ち方にはアップライトとブラケット、ドロップの3種がある。それぞれに特性があるので、シーンによって使い分ける。難易度はブラケット、アップライト、ドロップの順に高くなるので、簡単な持ち方から順番にマスターしていこう。

POINT ❶ 基本ポジションとなるブラケット

第一ポジションとなるのが、ブレーキ&シフトレバーのブラケット部分を握るブラケット。この状態でブレーキをかけることができ、シフトチェンジもできるので、まずはこのポジションからスタートする。最も使用頻度の高いポジションでもある。

POINT ❷ リラックスして走れるアップライト

ハンドルの水平な部分に手をかける握り方を、アップライトという。ゆっくりと走りたいときや、ゆるい登りに適している。力を入れる必要がないため、上半身が起こしやすいことが特徴。ブレーキから遠いので、急な対応が迫られる状況では避ける。

POINT ❸ スピードを出す際に持つドロップ

ハンドルの下部分を握るドロップは、スピードを出すための握り方。上半身が低い姿勢になるため、空気抵抗を減少させることができる。向い風が強いときや、スプリントの場面で活躍する。あまり強く握らないようにするのがポイントだ。

練習上達のPOINT 練習から握る箇所を使い分ける

コースや場面に応じてハンドルポジションを使い分けることが大切。ポジションを変えることは体のリフレッシュにもなる。ドロップは慣れないうちは力んで姿勢が前傾になりやすいので注意する。

コツ 19

ペダリングのやり方と練習での注意点

1時から4時の位置でペダルに力をかける

CHECK POINT!

❶臀部から動かすことが重要
❷最初はモモの筋肉を意識して動作

脚部全体を使ってペダルを回す

ペダリングの動作では、ペダルを「回す」感覚で動作することが重要となる。足を下げて、引っ張り上げるという円運動を左右で交互に行うことによって、力強く進んで行くことができる。上から下へペダルを上下させる動きだと、パワーロスが生まれて非効率的になるので注意。がむしゃらにこぐと上下運動になりやすいので、足で円を描くイメージで動作する。

力を入れるアクセントの位置は、クランクを横から見たときに時計の1時から4時のあたり。アクセントを意識しつつ、臀部から脚部全体を使ってペダルを回そう。全身を使って、自然体で回せるようになるとベストだ。

POINT 1 ペダリングは臀部から脚部全体で回す

ペダリングは足だけではなく、脚部全体で行う動作であると理解しよう。固定された腰から、臀部を起点として、大腿部、下腿部と、下半身にある全ての筋肉を使って回す。足ばかりに注目してしまいがちだが、意識するだけで筋肉の動きは格段に良くなるので、力の流れをイメージしよう。

POINT 2 まずはモモに意識を集め足の甲と連動させる

臀部の筋肉は体の裏側にあるため、ある程度熟練しなくてはその動きを認識するのは難しい。まずは動きがわかりやすいモモの筋肉を意識してペダリングすると良い。モモと足の甲を連動させるようなイメージでペダルを回すと良い。普段から意識して早めに体得したい。

プラスワントレーニング

片足ずつ回してペダリングを練習する

片足ずつペダルを回す練習をしよう。体のバランスを崩さないように意識して、左右それぞれ片方のみでペダリングする。左右ともキレイに回せるようになると、両足で回したとき相乗効果でよりスムーズに動作できるようになる。

CHECK POINT!
❶80～90回転がケイデンスの目安
❷低回転は登りの場面で有効
❸高回転は速度を上げる方法のひとつ

コツ20

回転数を一定にして走行する

ケイデンスを意識して練習に取り組む

効率的な走行には ケイデンスのキープが必須

ケイデンスとは1分間にペダルを回す回数のことをいい、重要な数値となる。というのも、**スピードをキープして、長い距離・時間を効率的にこぎ続けるには回転数を一定にすることが基本となるからだ。**そのため、ケイデンスをキープして走行できる技術習得が重要になる。

なおケイデンスは、高低で体への影響に違いがある。低回転（重いギヤ）はパワーが必要になるため筋肉に負担がかかり、高回転（軽いギヤ）だと心拍数があがるので心臓に負担がかかる。どちらか一方に偏らないようにバランスの良いケイデンスで走行できることが理想。

POINT 1 80〜90回転が丁度良いケイデンス

80から90回転は、筋肉への負担と心臓への負担のバランスがとれており、長時間・長距離の走行に最も適しているといわれている。このケイデンスを、足を水平にしたペダリングで出せるようになると良い。なお、ケイデンスはギヤによっても変わるので、ここで紹介する回転数はあくまで目安として考えよう。

POINT 2 カカトを下に踏み込む60〜70の低回転

登りではギヤを重くして、力強いペダリングの勢いで登っていく方法がセオリー。その際に要求されるのが、60〜70の低回転だ。カカトを下に、拇指球に体重を乗せてペダルを踏み込むように回すことで、アクセントでより強い力をかけられる。

POINT 3 カカトを上にして100〜110の高回転

スピードを高める方法のひとつとして、ケイデンスの向上がある。100から110ほど回すと高回転ということができ、カカトを上向きにしてペダリングすると良い。なおスプリントとなると、さらにペダルを回す130ほどのケイデンスが求められる。

プラスワントレーニング

回転計をバイクに装着し
スピードとケイデンスをリアルタイムで測定する

ロードバイクで必須のアイテムのひとつとなっているのがサイクルコンピューターだ。速度や距離を計ることができ、ケイデンスセンサーによって回転数もリアルタイムで表示されるので、ケイデンスを一定にする上で非常に効果的。道によって自分が基準とするケイデンスからどの程度のズレができるのかもわかるようになれば、練習の効率がアップする。また、脈拍も計測できるものもあるので、走行中の自分のコンディションを把握できるメリットもある。さまざまな種類が発売されているので、予算や求める情報に合わせて購入しよう。

ケイデンスセンサーはチェーンステーに設置し、回転数を計る。なお、ブルートゥースでスマートフォンに情報を送れるものもあるので、走行情報をデータ化することもできる。自分の成長をまとめたり、仲間と情報を共有するなど、楽しみを増やすためにも欠かせないアイテムだ。

CHECK POINT!
❶リヤは細かな調整
❷フロントは大きなスピード変化
❸左右のレバーで切り替える

コツ 21

ギヤチェンジの仕方と注意点

ギヤの切り替えで回転数を一定に保つ

ブレーキ&シフトレバー

快適なケイデンスをキープするためのギヤ

ギヤとはペダリングをホイールに伝える歯車のことで、走行中はシーンに合わせてギヤを切り替える必要がある。ロードバイクにはクランクと後輪にギヤがついており、クランクのギヤをフロント、後輪のギヤをリヤと呼ぶ。**ギヤチェンジのポイントは、常に自分にとって快適なケイデンスでいられるようにすること。**たとえば登りになったらギヤを軽くして、平坦な道を走っている時と同じ回転数でペダリングするなど、道によってケイデンスが増減しないようにする。

　ギヤチェンジをすることで、効率良く走ることができ、なにより体への負担を軽減できる。日頃の練習から、常に意識しよう。

POINT ❶ 細かな調整をするリヤのギヤ

後輪についているリヤのギヤは歯車の数が多いため、細かく調整することができ、フロントよりも使用頻度が高い。ゆるい登りと下りなど微妙な違いでも、ケイデンスを乱さないように、その都度切り替えていくことがポイントになる。

POINT ❷ 大きなスピードの変化はフロントのギヤで行う

クランクについているフロントは、ギヤが2枚と少ないので、大幅なスピードの変更をしたいときに切り替えるのがセオリーだ。スプリントでトップスピードを発揮する、急激な登りに対応する、などの場面でギヤチェンジを行おう。

練習上達のPOINT

チェーンが斜めになると負担がかかる

フロントが外側、リヤが内側のアウターローなどチェーンが斜めになっている状態は、負担がかかり消耗や外れの原因になるので注意。走行練習中は、前後のギヤの位置に気を配ろう。

POINT 3 右レバーがリヤ・左レバーがフロントのギヤチェンジ

ギヤチェンジのレバーは左右それぞれに、大きいレバーと小さいレバーが2つある。右レバーはリヤディレイラーとつながっている。大きなレバーでギヤが軽くなり、小さなレバーを押すと重くなる。左レバーは、大きなレバーで重くなり、小さなレバーで軽くなる。なおギヤチェンジはそれぞれ、ギヤを軽くすることをシフトダウン、重くすることをシフトアップという。ギヤの上げ下げではなく、ペダリングの重さでアップとダウンを言い分けるので覚えておこう。

リヤ・シフトダウン（軽くなる）

フロント・シフトアップ（重くなる）

リヤ・シフトアップ（重くなる）

フロント・シフトダウン（軽くなる）

練習上達のPOINT チェーンのテンションが弱いタイミングで切り替える

ギヤチェンジはディレイラーでチェーンの位置を切り替えているので、チェーンのテンション（張りの強さ）が弱い方が行いやすい。ヒルクライム練習などで、ダンシング中にギヤチェンジするとバイクに負担をかけるので注意する。ギヤチェンジの際は、ペダリングを軽くゆるめるとスムーズにできる。

コツ22

適切なブレーキングとブレーキ練習

前輪のブレーキからかけて速度を落とす

CHECK POINT!

❶フロント→リヤの順でブレーキをかける

ロードバイクのブレーキは減速のため

ロードバイクは速いスピードを出すことができるだけに、ブレーキをかける動作は非常に重要だ。レース用なので止まるためでなく、減速するためのブレーキとなっている。ブレーキングでポイントになるのは、スピードを落とすことを意識して行うこと。信号や一時停止の標識に向けて徐々にかけたり、下り坂などでスピードが出過ぎた際の調整としても重要なテクニックとなる。

日本では一般的に右にあるレバーがフロントブレーキ（前輪）で、左がリヤブレーキ（後輪）となっている。**かける際には人差し指と中指の2指で行うのが基本だ。**上級者だと1指でもブレーキングしているが、力が弱いためミスする危険がある。2指でのブレーキを徹底しよう。

POINT 1 フロントをメインで使い後からリヤをかける

フロントブレーキからかけることがセオリーで、リヤブレーキはある程度スピードが落ちたところでかける。咄嗟の衝突を避けるためには前後同時にブレーキをかける。ただ、タイヤがロックしてしまいバイクコントロールが難しいテクニックだ。もしもの事故を避けるために練習しておこう。

プラスワントレーニング

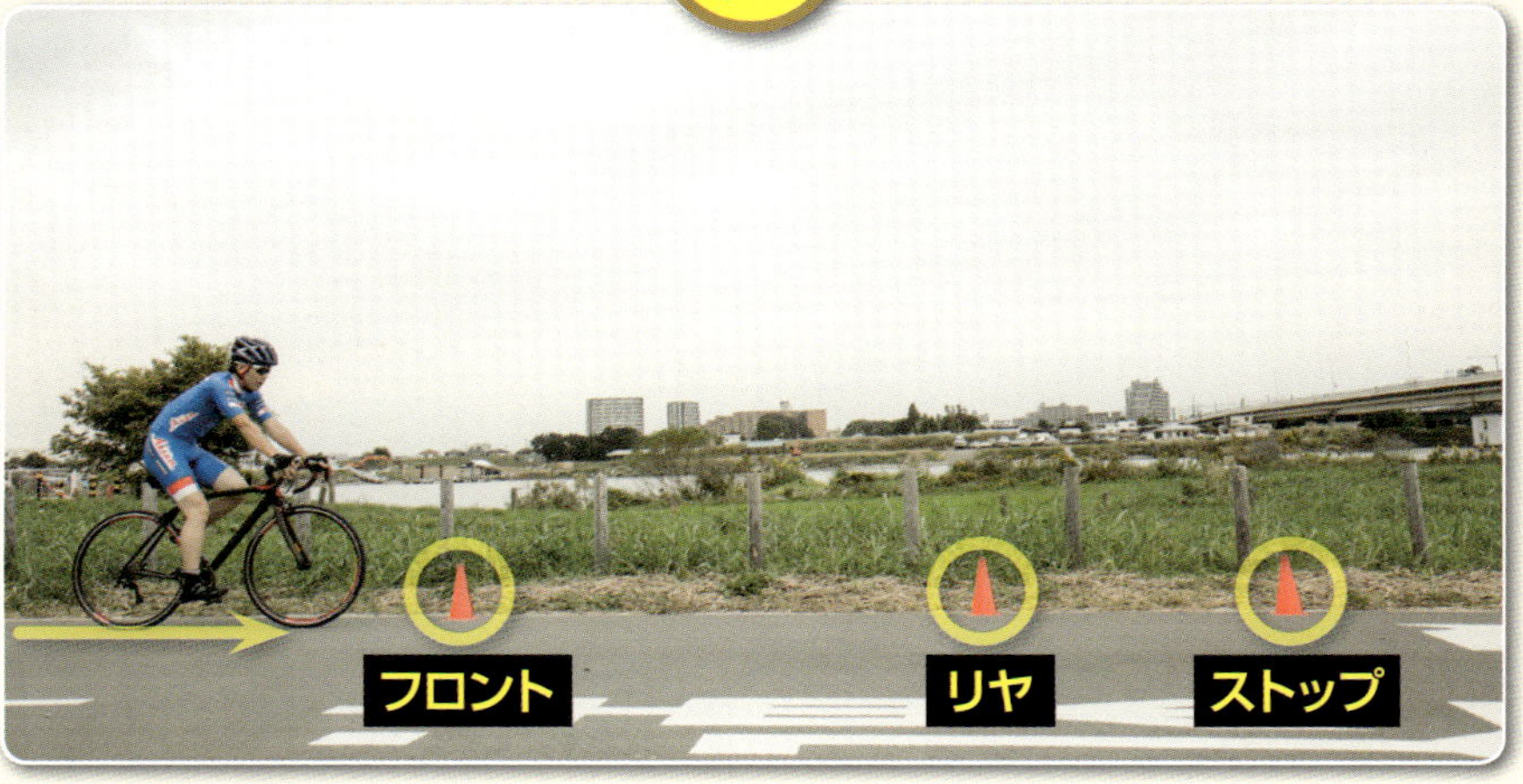

コーンを使ってブレーキングのタイミングを身につける

フロントはブレーキのかかりが弱く、リヤは強い。そのため、フロントのみと両方では制動距離が大きく異なる。3歩分と1歩分程度の間隔でコーンを置いて、バイクを走らせてコーンの横でリヤ→両方の順でブレーキをかけ、どのくらいの差があるのかを把握しよう。

フロントだけでブレーキングをすると、後輪が浮き上がってしまう。スピードが速い場合は、そのまま前方に投げ出されてしまう危険もあるので、ブレーキングの手順を間違えないようにしよう。

コツ 23

ダンシングの動作とダンシング練習

腰を浮かせてバイクを振るイメージ

CHECK POINT!

❶腰を軽く浮かせる

❷バイクを左右に振るイメージ

バイクを左右に振るイメージでペダリングする

サドルから腰を浮かせた立ちこぎの姿勢をダンシングという。より強くペダルを踏み込めるようになるため、加速したいときや登り坂の場面で有効だ。

ダンシングでは、**腰をサドルからやや浮かす程度のイメージで動作すると良い。加えて、重心はバイクの中心から外さないことも大切だ。**その姿勢でバイクを左右に振るようにペダリングすることによって、力強い踏み込みが可能になる。ダンシングを練習する際には、重めのギヤに設定すると良いだろう。ペダリングのリズムをとりやすくなり、動作の確認もしやすい。

POINT 1 腰を軽く浮かせて重心はバイクの中心

立ちこぎの姿勢をとる際には、軽く腰を浮かす程度がベストだ。サドルに座った状態のシッティングと同様に、バイクの中心に重心を置こう。はじめてのダンシングではフラフラしやすいので、慣れるまでは重心をやや後ろに意識しても良いだろう。

POINT 2 腕を使ってバイクを振るイメージ

体の位置を一定にキープし、ペダリングに合わせてハンドルに力を入れる。手で押しながら、ペダルにしっかりと体重を乗せよう。ハンドルを握りすぎると、かえって動かしづらくなるので、軽く握ったまま行えるように練習する。

練習上達のPOINT

前のめりにならないように注意

バイクの上でバランスがとれないと、手に体重が乗って前傾姿勢になってしまう。これではスピードを出せないので、前を向くことを意識して動作を安定させよう。バイクの上で、頭を上下させることなくダンシングできることがベストだ。

プ ラ ス ワ ン ト レ ー ニ ン グ

登り坂でのダンシングを練習

ダンシングはリズミカルに力強く踏むペダリングのテクニックなので、登り坂でも効果を発揮する。平坦でダンシングできるようになったら、傾斜のある道でも練習しよう。登りだとハンドルを強く握りやすいので注意する。

コツ24

ダンシングでスプリントする

ダンシングの応用と練習の取り組み

CHECK POINT!

❶ドロップでダンシング
❷ギヤを重くする
❸重心をやや前に

ドロップで握り重いギヤを踏み抜く

ダンシングの応用技術として、トップスピードを発揮するスプリントがある。体重を乗せてリズミカルに踏むことで、力を効果的にスピードに変えるテクニックだ。

ポイントは、下のハンドルを握るドロップで重心を落とすこと。体勢が変わってもダンシングを行える技術が必要で、**このとき重心をサドルの前あたりに置く。これにより、ペダルに全体重を乗せられるようになり、パワーが向上する。**より速いスピードのためには、体の使い方の上手さが要求される。

なお、ダンシングでのスプリントでは、ケイデンスをあげていくというより、ギヤを重くして踏み抜いていくと良い。

POINT 1 ダンシングでドロップを握りトップスピードを発揮

ペダリングのパワーを高めるダンシングを、下のハンドルを握るドロップで行うと、そのパワーをさらに高めることができる。低くハンドルを握る技術は、エアロフォーム（P70-71）で走る際にも要求されるのでマスターしよう。

POINT 2 ギヤを重くしてリズム良く踏み抜く

ケイデンスではなく、重いギヤを踏み抜く力で勝負しよう。より速いスピードを発揮するためには、軸を一定にする体幹の強さと、タイミング良く踏むリズム感、さらにペダリングとバイクの動きを合わせる体の使い方の上手さが求められる。

POINT 3 サドルの前に重心を置く

通常のダンシングよりも重心を前に置くことが、速度を上げるポイントだ。これによりペダルのアクセントと体が上下関係になるため、全体重をかけられるようなる。腕を曲げて頭を下げ、空気抵抗を抑えて、フルパワーのスプリントをしよう。

プラスワントレーニング

通常のダンシングとスプリントの切り替えを練習

平坦な道での走行の練習で、ダンシングの練習をしよう。通常のダンシングから、スプリントへの移行を身につけられると、タイミング良く勝負をかけられるようになり、レースで活きる技術となる。

コツ 25

エアロフォームと練習の取り組み

頭を落として空気抵抗を減らす

CHECK POINT!

❶頭を落とした姿勢をとる
❷目線はしっかり前に

上半身を倒して回転数を上げる

頭を落とした低い姿勢を、エアロフォームという。空気抵抗を減少させる効果があり、速いスピードで走りたいときに用いる。**ポイントは、上半身を低くしながらもペダリングは乱さずに走ること。**最初のうちは少しタイトな感覚だが、慣れれば問題なく走行できるようになる。筋肉がついてくれば、違和感なくペダリングできるようになるだろう。

ダンシングのスプリントとは異なり、高いケイデンスでスピードを出すテクニックなので、しっかりとしたペダリングの技術をマスターすることも大切だ。視野が狭くなりやすいので、慣れるまでは人が少ない場所で練習しよう。

POINT 1 ドロップで握り頭を落とす

下のハンドルを握り、ヒジを曲げて頭を低くした姿勢をエアロフォームという。空気抵抗を最大限抑えられることが特徴で、より速いスピードでの走行を実現する。上半身を倒しながらも、しっかりと腰を固定してペダリングすることが重要だ。

POINT 2 視野はしっかり前に確保最初は首がきつい

頭を下げはするものの、顔は前に向けて視野を確保する。最初は首がきつい場合があるが、練習を続けることで筋肉がつき、違和感なく走行できるようになる。10分から20分をエアロでキープする練習に取り組んで、フォームに慣れよう。

プラスワントレーニング

ブラケットでのエアロフォームを習得

ドロップで握ることが基本だが、ブラケットでもエアロフォームをとれる。ドロップよりも体が楽なので、走りやすいだろう。このとき、ヒジを締めることが大切。体をコンパクトにして、空気が当たる面積をなるべく小さくする。様々なフォームを切り替える練習に取り組み、ライディングのバリエーションを増やそう。

コツ26

コーナーリングの動作と練習法

出口を見ながら体を傾けて曲がる

CHECK POINT!
❶出口を見ながら曲がる
❷外側のモモと内側のヒジを使う

ペダルは回さず スムーズに抜けて行く

コーナーリングでは、直線で得たスピードを殺さずに曲がる技術が要求される。**体とロードバイクを合わせてコーナーの進行方向へ倒しながら曲がっていき、コーナーの出口を見ながら動作することでスムーズに抜けて行く**。体を倒しすぎると転倒してしまう危険があるので、**外側に力を入れて踏ん張ることが大切だ。**

なお、コーナーリングでは基本的にペダリングは行わない。体が傾いている状態でペダルを回すと、速度や勾配によっては内側のペダルが路面に当たってしまい危険なのだ。スピードが足りない場合には、コーナーに入る前の直線で充分に加速しよう。

POINT 1 コーナーの出口を見ながら動作する

コーナーリングの動作でまず重要になるのは、コーナーの出口を見ること。バイクは目線が向いた方向に曲がっていくので、出口を見ることで自然に曲がれるようになる。正面を見ていると上手く動作できないので、常に先を見るように意識しよう。

練習上達のPOINT ペダルは内側を上げなければならない

コーナーリングでは体を傾けるので、ペダルは内側を上、外側を下にする。誤って内側を下にしてしまうと、ペダルが路面に当たる危険がある。ペダルが擦るとバランスを崩しやすく転倒の危険があるので、練習でペダルが逆になっていないかチェックしよう。

POINT 2 外側のモモで踏ん張り内側のヒジは締め込む

曲がる際には体をややコーナーの方向に倒す。このとき、外側の足に力を入れて、モモをフレームに当てて踏ん張ると良い。同時に、内側のヒジは締め込もう。これにより上半身がやや沈み込むので、その姿勢のまま様子を見ながら道に沿って進んで行く。

コツ 27

コーナーリングの応用とコーナーリング練習

リーンインでコーナーを曲がる

CHECK POINT!

❶体のみを倒すリーンイン
❷リーンアウトは危険

滑りそうな路面にはバイクを起こして曲がる

前ページで紹介したコーナーリング（P72－73）は、正確にはリーンウィズと呼ばれる基本技術。リーンとは「傾き」のことをいい、ロードバイクと体が同じように傾くことから、その名で呼ばれる。基本となるリーンウィズをマスターしたら、応用となるリーンインをマスターしよう。**これはバイクは起こしたまま体だけを傾けるコーナーリング技術で、雨など滑りやすい路面でスリップを防止することができる。**

そのほかにバイクだけを傾けるリーンアウトがあるが、そのまま転倒してしまう危険があるので避ける。

POINT 1 ハンドルを外に押し外側のペダルを踏む

リーンインでは、体はリーンウィズと同じように傾けた状態で、腕を使ってハンドルを外側に押し出す。同時に、外側の足でペダルを踏むとバイクを起こすことができる。しかし力を入れすぎると、コースが膨らんでしまうので調節に気をつけよう。

POINT 2 リーンアウトは危険なので実践しない

リーンインとは反対に、バイクを内側に傾けて体を内側に残すリーンアウトは、転倒寸前の危険な状態。事故につながるので実践しないようにしよう。

プラスワントレーニング

8の字スラロームでフォームをマスター

コーナーリングでは、バイクコントロールとバランスが重要になる。いきなりハイスピードでのコーナーリングを成功させるのは難しいので、まずはコーンを2つ置いてその間を８の字で進む練習で基礎技術を練習しよう（練習法の詳細はP92参照）。

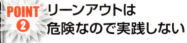

コツ28

コーナーリングのコース取り

アウトインアウトで曲がる

POINT 2 アウトコースへ大きく抜ける

内側からアウトへと、大きく走り抜けてスムーズに曲がる。

CHECK POINT!

1. 入りはアウトでインへ
2. アウトコースへ抜けて行く
3. 細かなブレーキで調節する

外から内に入り外へと抜ける

コーナーリングでは、**入りでは外側から走って行き、コーナーの頂点に向けて内側へと進み、そのまま外側へ抜けて行く。**これをアウトインアウトといい、コーナーリングのコース取りのセオリーとなる。このコースだと、最も無駄なく曲がることができるのだ。

このとき、コーナーに対してスピードが速すぎるとコースが乱れてしまうので、ブレーキを少しずつかけておくことが大切だ。いきなり減速するのではなく、細かく調整しよう。

なお、公道では対向車があるので、注意しなければならない。周囲の状況を充分に確認して行おう。

POINT 1 外から内へと入っていく

コーナーへの入りでは、外側からコーナーの頂点へと向かう。

POINT 3 ブレーキは少しずつかける 速度を調節して曲がる

コーナーの大きさに合わせて、アウトインアウトのコースをしっかりととれる速度までスピードを落とす。このとき、少しずつブレーキをかけて調節していく方法が有効。なおコーナーリングでのブレーキングでは、フロントを使うのが基本だ。

CHECK POINT!

❶先を見ながら進む
❷登りながらギヤを切り替え
❸許される状況なら道の中央を進む

コツ 29

登りのコーナーリング

ゆっくりと着実に登るのがベスト

直線を進むのと同じようにペダリング

登りのコーナーリングでは下りのようにスピードを使うことができない。ペダリングして曲がる必要があるので、**直線を走るのと同じように進もう。ポイントは、無理にスピードを出さずゆっくりと上がっていくことだ。**また、一口に登りといっても傾斜が細かく変わっている道も多いので、登りながらケイデンスを一定に保つようにギヤチェンジすることも重要だ。

　コース取りとしては、道の中央がベスト。中央は勾配が一定であるため登りやすく、コーナーでは惰性を使えるメリットもある。しかし公道では道の端を走るのが原則なので、レースなどのクローズドな状況でない限りは左側を登る。

POINT ❶ 通常のコーナリングと同様に出口を見る

登りのコーナーリングではペダリングをして進むが、目線の向ける位置は通常のコーナーリングと同様にコーナーの出口だ。進んで行く先を見ることによって、スムーズに曲がれる。スピードはゆっくりと、リズム感でペダリングして進むと良い。

POINT ❷ ギヤチェンジしながら外側から登る

一口に登りといっても、道の中で傾斜が変化する。そのたびに回転数が増減していては疲労が溜まってしまう。敏感に勾配の変化を感じ取り、ケイデンスを変えずに進めるように登りながらギヤを切り替える。なおコーナーの内側と外側では、外側の方が勾配がゆるく登りやすいという特徴がある。

POINT ❸ クローズドな環境では道の中央を走る

登りのコーナーでは、道の中央が最も進みやすい。中央は勾配が一定であるため、同じペースで登っていけるのだ。しかしながら公道では左側を走らなければならない。このポイントはレースやイベントなどのクローズドな状況でのみ活用しよう。

CHECK POINT!

1. スピードとコーナーを目測
2. 重心を後ろに動かしてブレーキ
3. 何度か繰り返して減速する
4. 外側の腕を踏ん張る

コツ 30

高速ブレーキング

ダウンヒルではコーナー前に重心を後ろに

重心を後方に動かしスピードを落とす

ダウンヒルはスピードがどんどん上がっていく。しかしスピードが上がり過ぎるとコーナーリングが難しくなるので、曲がれる速度まで落とす必要がある。**その際に有効なのが高速ブレーキングのテクニックで、ブレーキングを行いながら、重心を後ろに動かす動作となる。**これにより、フロントブレーキをかけても後輪が跳ねづらくなるのだ。加えて、視点が落ちることでより遠くまで見られる効果もある。

下りのコーナーリングでは、外側の腕を踏ん張ることも大切となる。外側は踏ん張り、内側は締めてコーナーに沿って進む。

POINT 1 コーナーに入る前に曲がりきれるか目測する

スピードが出ている状態では、コーナーを曲がりきれない場合がある。速度が出ているダウンヒルでは特に注意するべきなので、コーナーに入る前に今のスピードで曲がれるのかを目で測る。この判断は、何度もこなして経験を積んで身につける。

POINT 2 ブレーキに合わせて体を後ろに動かす

スピードが速すぎると体がどんどん前に行ってしまうので、コーナーへの入りで腰を浮かし、重心を後ろに動かす。高速ブレーキングを行うことによって、フロントブレーキをかけても後輪が跳ねなくなる。

POINT 3 細かく繰り返して減速目線は先をとらえる

通常のコーナーリングと同様に、細かなブレーキを繰り返して減速していく。腰を浮かせて上半身が落ちることで、視点が低くなってより先を見やすくなる。ブレーキが強すぎると、体が前に投げ出される危険があるので注意して行う。

POINT 4 下りのコーナーリングでは外側の腕を踏ん張る

下りながらコーナーを曲がる動作では、外側の腕を踏ん張ってコーナーリングする。締めている内側の腕でハンドルを誘導しながら、コーナーの孤に沿って進んで行くと、スムーズに曲がることができる。力を調節してバイクをコントロールしよう。

COLUMN

日本のロードレースとヨーロッパの差

日本とロードレースの本場であるヨーロッパでは環境に違いがある。ヨーロッパは街から隣の街まで距離があり、車も信号も少ない道が多くロードバイクが走りやすい。一方で日本は、街も人も密集しているため信号が多く設置されており、たびたびとまらなければばならない。しかし日本がまるでダメという訳ではなく、山奥にもコンビニや自動販売機があったり、携帯電話の電波がつながる場所が多くあるなど、利便性はずっと高い。レースの運営においても安全面への配慮が行き届いており、誰でも入りやすいようなムード作りを積極的に行っているため、初心者にとっては日本の方が良い環境といえるかもしれない。

能力でいえば、日本人レーサーは体が小さい分、パワーの面でヨーロッパの選手に劣っている。日本でトップクラスのスピードを持つ選手でも、ヨーロッパでは良くて中位のリザルトしか残せなかったりする。登りはというと、世界的な大会では高地出身の南米の選手が結果を残している。酸素の薄い土地で育っていることから酸素の摂取能力が高く、それが登る力になっているのだ。日本人選手の強みはどこかというと、瞬発力に秀でている。この能力を活かした戦いをすることがカギとなるが、まだ瞬発力を活かした戦い方が確立されておらず、その方法を見つけ出すことが今後の課題になると考えられる。

PART 3
ライディングの練習をしよう

コツ 31

練習について
さまざまな速度で走り対応力を高める

CHECK POINT!
1. ローラーを活用する
2. ヒルクライムとフラットの練習
3. メニューは1週間単位で作成
4. 練習前後にはストレッチ

レースを想定して あらゆる状況を練習する

ロードレースは決められた距離・コースを走るスポーツだが、その道のりにはあらゆる過酷な状況が待っている。気候の変動やコースのアップダウン、トップスピードで相手と競う技術も欠かせない。こうした状況の変化に立ち向かうためには、根底となる体力と技術が必要になるので、練習で対応力を高めることが大切。**レースで起こりうる変化を想定して、さまざまな速度、環境を織り交ぜて練習メニューを組み、あらゆる状況に対応できるようになろう。**

この章では、複数の練習方法と練習メニュー例を挙げている。練習方法を学んだら、自分に合ったメニューを作成してみよう。

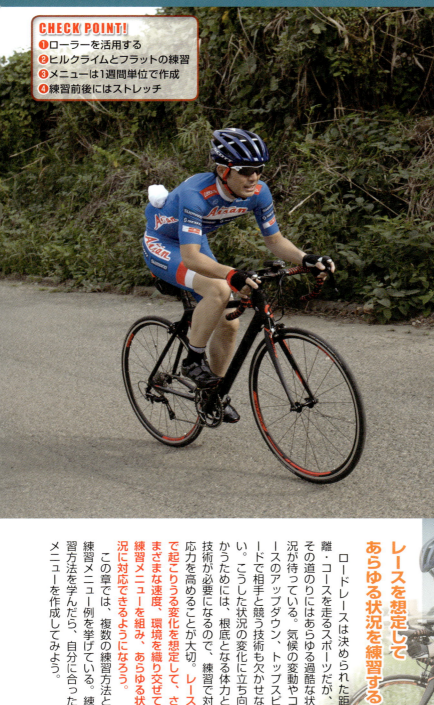

POINT ❶ ローラーを使って フォームを身につける

ローラーはウォーミングアップをするために有効な練習方法だ。また、そればかりでなく早く回すことで回転力を高めたり、フォームを確認するためにも効果的。ローラーひとつで雨天時の室内練習が可能になるので、最大限活用しよう。

POINT ❷ ヒルクライムと フラットの練習をする

登りの走行を身につけるヒルクライム練習と、平坦な道での走りを練習するフラット練習は、さまざまなシーンや状況に対応するために欠かせない。異なるスピードを織り交ぜることが重要で、同じ速度ばかりだと一定の走りしかできなくなる。

POINT ❸ 1週間の練習メニューを 作成して実践する

1回の練習で多くのことをこなすのは難しい。無理に詰め込むと全部が中途半端になったり、体を痛める危険がある。練習メニューを作成する際には、1週間単位で考えると良い。段階的に難易度を上げていき、ステップアップしていこう。

POINT ❹ 前後にしっかり準備運動 体幹トレーニングも取り入れる

練習をする前にはかならず準備運動としてストレッチを行い、練習後にも整理運動として筋肉を伸ばしてコンディショニングする。また、整理運動の前に筋肉を鍛える体幹トレーニングを取り入れると体作りに効果的だ。

コツ **32**

ローラー練習⑪

ローラーでウォーミングアップする

CHECK POINT!

1. ローラーには2種類ある
2. 一定のペースでペダルを回す
3. 前を向いて取り組む
4. 徐々にギヤを重くする

室内でもバイクに乗れる ローラーで体を温める

ローラーとは、ロードバイクをその場から動かさずにペダリングすることができる台で、ロードレースの練習器具として非常にポピュラーだ。室内でも取り組めるため天候などの環境に左右されることなく練習できるメリットがあり、必須のアイテムとなっている。

使い方のひとつとして、ウォーミングアップがある。**自分のペースでペダルを回せるので、レースや練習前に体を温めたい場面で効果的なのだ。取り組む際にフォームを誤ると悪癖がついてしまうので、正しいフォームを心がけよう。**また、練習の終わりにクールダウンとしても活用できる。その際には軽いギヤで回す。

POINT 1 ローラーには大きく分けて2種類ある

ロードレーサーに必須のアイテムとなっているローラーには、後輪を固定する固定型と、3本のローラーの上にバイクを乗せて走る3本ローラー型の2種類ある（写真は固定型）。それぞれに特徴があるので、ショップで相談して購入しよう。

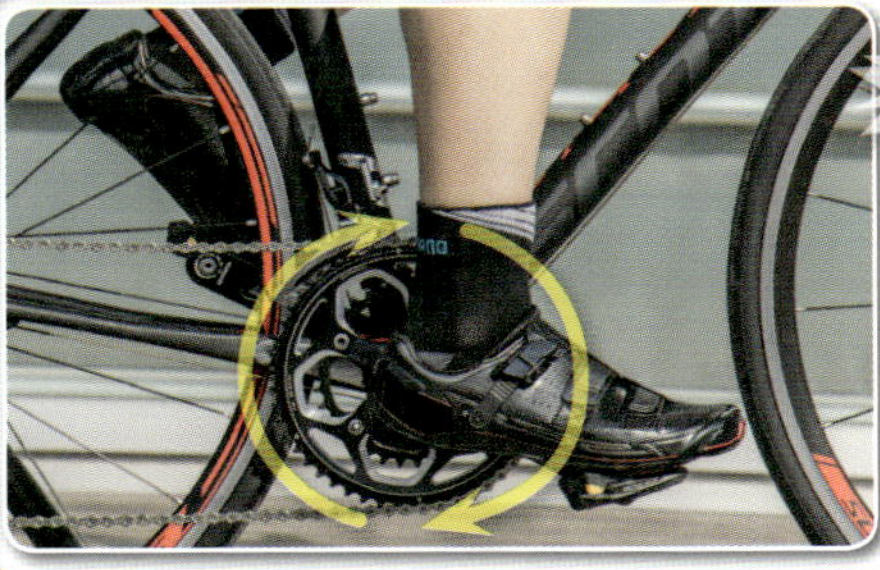

POINT 2 一定のペースで回し体を温める

ウォーミングアップをする際には、ペダルを回すペースを一定にする。回転数をキープして、体が温まるまで回し続ける。時間はそれぞれのレベルに応じて決めよう。なおプロのレーサーは、30分～1時間程度回してウォーミングアップする。

POINT 3 前を見ることを意識し正しいフォームで取り組む

誤ったフォームで乗っていると、悪い癖がついてしまう恐れがある。目線をしっかりと前に向けて、ペダルを回そう。ウォーミングアップに加えてフォームを確認する目的もあるので、バランスがとれているかなど、動作を確認しながら取り組む。

POINT 4 軽いギヤからはじめて徐々に重くしていく

ローラーでのウォーミングアップでは、最初は軽いギヤで回しはじめる。足が軽く感じるようになったら、レバーを操作してギヤを一段階上げる。これを繰り返し、徐々に重くしていく。この方法で取り組むことによって、効率良く体を温められる。

CHECK POINT!

❶スプリントを10～15秒キープ
❷高回転で回し続ける
❸レースをイメージしながら取り組む

コツ **33**

ローラー練習②

ローラーでトレーニングする

全力でペダルを回し体力を鍛える

ローラーを活用して、筋力や心肺機能を高めるトレーニングをする方法もある。**全力でペダルを回すスプリントをすることで筋肉を刺激することができるのだ。また高回転でペダルを回すことでフォームの悪癖のチェックもできる。**そのほかにも、80%の力で長い時間取り組めば心肺機能の向上によるスタミナアップが期待できる。

取り組み方によってさまざまな効果が得られるので、最大限活用しよう。長時間行うときは脱水症状を起こす危険があるので充分に注意すること。気づかないうちに水分を奪われているので、マメに補給するように心がける。

POINT ❶ 全力のスプリントを10秒〜15秒間キープする

ドロップでハンドルを握り、全力を発揮してスプリントを行う。トップスピードのまま15秒間回し続けると、筋肉を鍛える有効なトレーニングになる。最初は10秒からはじめて、徐々に長くしていくと良いだろう。

POINT ❷ 80%の力で回し続け心肺機能を高める

スプリントを100%として、80%の力でペダルを回し続ける。これによって心肺機能の向上が期待できる。時間はレベルに応じて決めるが、長くても30分間。何時間も回し続けると脱水症状に陥る危険がある。途中で水分補給すること。

POINT ❸ ローラーではレースをイメージする

漫然と取り組むのではなく、ローラー練習ではレースを想像しながらペダルを回す。イメージトレーニングの要素を加えることで、より有効な練習になる。また、10〜20秒のスプリントと50秒の休憩を繰り返すインターバルトレーニングも効果的。

練習上達のPOINT

下を向くのはNG きつくても前を向く

その場から進まないからといって、顔を下に向けてしまうとフォームの乱れにつながる。常に目線は前に保ち、正しい姿勢で回し続けることが重要なポイントだ。疲れてくると顔が下がりやすいので特に注意。走行時と同じ姿勢を意識する。

CHECK POINT!

❶スタンディングを習得する
❷スラロームでバランスを養う
❸高難度のボトル拾いにトライ

コツ 34

バランス感覚を養う
体を使ってバイクをコントロールする

乗車姿勢でバランスをとる 初心者が取り組むべき練習

精度の高いライディングをするためには、乗車している状態でも自在に重心を移動できたり、バイクを思いのままにコントロールできるバランス能力が必要だ。コーナーリングやダンシングなどに通じる技術といえる。その習得のためにスタンディングと8の字スラローム、ボトル拾いの練習に取り組む。初心者にとって確実に乗り越えなくてはならない壁となるので、マスターを目指そう。

どれも小さなスペースで行えるので、練習の空き時間などに取り組むと良い。常に体とバイクの関係を意識することがポイントで、どこに重心を置けば安定するのかをチェックする。

POINT 1 その場でバイクをとめるスタンディング練習

バイクに乗ったままの姿勢で、その場で動きをストップさせる技術をスタンディングという。本来はブレーキとペダルを使って細かく前後させながらその場でキープするが、習得段階では登り坂で行うと良い。バイクが自然と下がっていくので、その力にペダルを合わせてスタンディングでき、ブレーキを使わない分難易度が下がる。

練習上達のPOINT

バイクの中心に重心を置く

ペダルの上に立って、重心をバイクの中心であるサドルの上あたりに置くことがポイント。一度習得すれば、ずっとスタンディングしていられるようになる。

平坦な道でもトライする

登り坂でスタンディングできたら、平坦な道でトライ。ブレーキを活用して練習に取り組もう。これができれば止まったときにも自転車から降りずに済む。

POINT 2 コーンを2つ置いて8の字スラロームの練習

2つのコーンをタテに並べて、その間を8の字を描きながらスラロームで進む練習。重心移動やバイクコントロールを養う練習として効果的で、スピードを出す必要はないのでゆっくりと確実に進む。体を倒した姿勢でも、しっかりとバイクを操作できるように意識しよう。

なお、2つのコーンの距離はレベルに応じて変更する。最初は広めに設定して、徐々に短くしていこう。曲がり続ける動作となるので、コーナーリングの基礎技術の習得にも有効な練習となる。

練習上達のPOINT 体を斜めにしてもバランスを崩さない

曲がる動作を繰り返す練習をすることで、体を斜めにしたままバランスをキープする能力を養う。スタンディングで身につけたバランスを駆使して取り組もう。

POINT 3 路面に置いたボトルを拾い上げる練習

ボトルを路面に置き、バイクに乗った状態で下に手を伸ばして拾い上げるのが、ボトル拾いの練習だ。かなり低い位置まで手を伸ばさなくてはならないため、体を大きく動かす必要があり難易度が高い。拾う側と反対側にバイクを倒すと安定する。拾ったらそのボトルをもう一度路面に置き直し、次は逆側の手で拾って左右バランス良く取り組む。これを繰り返してバランス能力を養う。

練習上達のPOINT
逆側も同様に行い左右差を作らない

ライディングでは体を左右バランス良く使えることが重要になる。利き腕ばかりでなく、逆側の腕でもボトル拾いを行えるように練習しよう。置く動作ではボトルから手を離しても倒れないように、静止に近い速度まで減速できるバランス感覚が求められる。

コツ 35

ヒルクライム練習⑪

2種類のヒルクライムの方法をマスター

CHECK POINT!

1. シッティングではハンドルを引く
2. ダンシングはリズムをとる

ダンシングの登り

シッティングとダンシングの登りを身につける

ヒルクライムでは、登りに対して2種類の走行で進んで行くと良い。一つはシッティングで、もう一つはダンシングだ。**長い登りとなると1種類の走行だと、特定の筋肉に負担がかかりすぎてしまい激しく消耗するので、二つを織り交ぜながら登るのがセオリーとなる。**オススメはシッティングを基本に、疲れてきたところでダンシングに切り替える方法。この使い分けだと、負担を最小限に登り進められる。

なお登りでは、ケイデンスを10から20回転ほど落とすと良い。高回転のままヒルクライムに臨むと、体力を消耗しやすい。

POINT 1 シッティングの登りでは腕の引っ張りが重要

シッティングで平坦と同じようなフォームでヒルクライムをするのは難しい。登りでは、腕に力を入れてハンドルを引っ張り、その力を脚部へと伝えてペダルを踏み込む。回転のスピードではなく、一回一回の踏み込みの力を重視したフォームとなるため、キツイ傾斜を相手にしても力強く登っていけるようになる。

練習上達のPOINT アップライトでハンドルを握る

腕で引っ張る動作は、アップライトだと行いやすい。正面で握るので、まっすぐ後ろに力を入れられるのだ。あまりスピードを出さないので、ブレーキから遠くても危険は少ない。

POINT 2 リズム良くハンドルを引くダンシングの登り

ヒルクライムのダンシングでは、焦らずリズムでペダルを回すことが大切だ。平坦と同じようにスピードを維持することを目的に、ハンドルを引きながら踏み込もう。登りでのダンシングの使いどころは、シッティングで脚部の筋肉が疲労したときと、サドルに座ったままでは登れない傾斜でパワーが必要になる場面だ。

練習上達のPOINT 外側の手と対角の足を連動させる

バイクを左右にスイングさせながら進むダンシングでは、外側に振ったところで逆足を踏み込む。右に振るならスイングと同時に左足を踏み込むという具合。この連動が力強いペダリングにつながる。

CHECK POINT!

❶重いギヤで登る
❷上半身も活用する
❸ペダリング精度アップの効果もある
❹練習時間は2〜5分

コツ 36

ヒルクライム練習②

重いギヤで登るパワートレーニング

下半身の強化に適したSFR

坂道は平坦よりもパワーが必要な道なので、ヒルクライムの練習は体力強化のトレーニングにも活用できる。そのひとつに、下半身の強化に適したSFR（Slow Frequency Repetitions）という練習がある。**これは登りをあえて重いギヤで進む練習法で、力を入れたペダリングが必要になるため筋肉を刺激でき、回転数アップが期待できる。**また、重いギヤは力を入れる位置がアクセントの一点に集中するので、ペダリングの精度を高めるためにも効果的だ。

筋力と技術を同時に鍛えられる有効な練習法だが、体への負担が大きいので、長時間取り組むのは危険。ヒルクライム練習のなかで短い時間を割いて取り組もう。

POINT 1 シッティングで坂道を重いギヤで登る

SFRはギヤを重く設定して、シッティングで坂道を登っていく練習法だ。シッティングで登るためには脚部の力が重要になるので、重くすることでその負荷がさらに高まる。筋肉に強い刺激を与えられるので筋力がアップし、回転数アップにつながる。

POINT 2 ハンドルはアップライト上半身の力も使う

取り組む際には、アップライトでハンドルを握る。ハンドルを引きつけて上半身の力を活用する。あえてハンドルを握らずに手を添えるだけにして、無駄な力を加えないようにする。シッティングでのヒルクライムのフォームにも通じる。

POINT 3 重いギヤで登ると力を入れる位置が明確になる

軽いギヤとは異なり、重いと一回のペダリングにも力が必要になる。そのため力を入れる位置が、アクセントの一点に集中する。踏み込む位置が明確になると、ペダリングの精度が向上する。SFRは平坦の走行にもフィードバックできる練習といえる。

POINT 4 ヒザに負担が大きいので練習時間2〜5分

重いギヤで足を使って回し続けると、負荷が大きいため体に負担がかかる。特にヒザを痛めてしまう可能性が高いので、長時間の練習は避ける。2分から5分が限度なので、山登り中にポイントで取り組んだりすると良い。

コツ 37

ヒルクライム練習③

ビルドアップ走でペース配分を身につける

CHECK POINT!

1. 軽いギヤで登りに入る
2. 徐々にペースを上げる
3. コースに合った走行をする
4. 頂上付近から全力で登る

頂点でトップスピードになるように山を登る

初心者は山に入ると、最初から力を入れて登ってしまうことが多いが、考えなしに体力を使うと途中でスタミナが尽きる。山を攻略するためには体力の使い方を考える必要があり、山や峠をコースとして行うヒルクライムレースで勝利するためにはペース配分が必須となる。その練習に効果的なのがビルドアップ走だ。

頂上でトップスピードになるように登っていく練習法で、最初は余裕を持って入っていき、徐々にペースを上げていく。頂上付近で全力を発揮できるまで体力を温存しておけると、ヒルクライムレースで終盤の追い込みをかけられるようになる。

POINT 1 山の入りでは軽いギヤで余裕を持って登る

山は長い坂道や急なカーブ、急勾配などさまざまなコースが集合している環境。それぞれに合った登り方をすることはもちろん、ペース配分が重要になるので、最初からペダルに力を入れすぎず、登り始めでは軽いギヤで余裕を持って入っていく。

POINT 2 中腹からギヤを切り替えペースを上げていく

ある程度登ったところから、徐々にペースを上げていく。しかし、ここでも体力を温存する意識を持つことが大切。堅実に登り進み、頂上に向けてスタミナを残しておく。最初から全力で登っていると、中腹の頃にはスタミナ切れを起こしてしまう。

POINT 3 急勾配にはダンシングコースに合わせて走る

ペース配分と合わせて、コースに合わせた走行で効率的に登る。その道に対して最も有効な走法とギヤで登ることが、体力消費を抑える重要なポイントとなる。急勾配に対しては、シッティングでは負担が大きいのでダンシングで登り進もう。

POINT 4 頂上付近でトップスピード追い込みをかける

頂上に近づいてきたところで、貯めた脚を開放してトップスピードで登る。トップスピードに入れるタイミングが遅いと体力を使い切る前に到着してしまうので、何度も練習して経験を積み、追い込みをかけるポイントを身につけることが大切だ。

コツ38

高回転をキープして巡航速度を上げる

フラット練習⑪

CHECK POINT!

1. 高回転を10～15分キープ
2. 周辺状況に気を配る
3. 前後には回転練習も行う
4. 回転計で回転数をチェック

一定のスピードで走り速度を底上げする

平坦な道で取り組むフラット練習は、走りやすい路面で行うので時間を決めて一定の速度で走るのが効果的だ。**速いスピード・高回転をキープすることによって、基本的なスピードである巡航速度を高められる。**このとき、ただ回すことばかりに気をとられず、路面や周囲の状況にも気を配る。よく見えるようになってきたら、それだけ余裕が生まれてきた証拠だ。

また平坦な道では回転練習にも取り組むことができる。軽いギヤで早く回転させると、ペダリングがスムーズになり、さらにフォームやポジションの乱れも発見できる。ペダリングは崩れやすい動作なので、習慣的に行う。

POINT 1 ハイケイデンスで10〜15分走り続ける

通常は90回転ほどの回転数を、ハイケイデンスの100〜110回転に増やして、平坦な道で10〜15分程度、シッティングで走り続ける。ハイケイデンスを維持できる体力が身につけば、巡航速度がそれだけ向上してスピードが底上げされる。

POINT 2 周囲に気を配りながらスピードを落とさず走る

路面には思わぬアクシデントの原因が落ちているもの。スピードが出ていると小さなジャリやちょっとしたゴミでも事故につながる危険があるので、路面状況に注意しながら走る。また、自動車の動きにも目を向ける。ボーッと練習するのはNGだ。

POINT 3 回転練習でフォームを確認する

フラット練習で、ウォーミングアップとクールダウンを兼ねて最初の30分で軽いギヤで多く回す回転練習にも取り組む。フォームとペダリングを確認することができる。違和感のあるときは、フィッティングチェックを行う。

POINT 4 回転計を装着してケイデンスに注目する

一定の回転数をキープするフラット練習では、回転計が必須だ。目的のケイデンスから増減しないように、回転計を見ながら練習しよう。また、時速40kmほどのスピードを15〜20分キープするなど、速度を一定にする方法でも練習に取り組める。

コツ39

フラット練習②

10秒のスプリントを繰り返す

CHECK POINT!

1. 腰を浮かせてペダルを踏み抜く
2. 10秒間全力を出す
3. 50秒のインターバルで呼吸を整える
4. ギヤは軽くして取り組む

休憩を挟んでトップスピードを発揮する

全力でペダルを回し、最も速いスピードで駆け抜けるスプリントは、ダイナミックで爽快感のある走行で、ロードバイクの醍醐味のひとつ。トップスピードが早ければそれだけ強力な武器となるので、練習でスピードを手に入れよう。**方法としては、短い時間のスプリントを休憩を挟んで繰り返し行う練習が効果的だ。**

疲れてくるとフォームが乱れやすくなるので、常に空気抵抗を抑える頭を下げた姿勢で正確にペダリングできるように意識しよう。スムーズに加速できていない場合は、フォームが崩れている可能性があるので、その際には自身の動作をチェックしよう。

POINT 1 ドロップで腰を浮かせペダルを強く踏み抜く

ハンドルをドロップで握り、サドルから腰を浮かせる。頭を下げて上半身を落とし、空気抵抗を最小限に抑える。最もスピードが出る姿勢をとり、ペダルを強く踏み抜く。トップスピードを発揮するスプリントで、平坦な道を走る。

POINT 2 ペダルを10秒間回し続けてスプリント

全力でペダリングして、10秒間スプリントで駆け抜ける。フルパワーの動作はほぼ無酸素の運動になるので、この秒数が限界。カウントしながら走り切ろう。また、300m、500mなど距離を決めてスプリントをする方法もある。

POINT 3 50秒間のインターバル1分間を1セットとする

10秒間のスプリントを終えたら、50秒間のインターバルをとって休憩する。呼吸を整えることに集中して、必要があれば水分も補給しよう。このスプリント10秒+インターバル50秒の1分間を1セットとして、5セットほど取り組む。

POINT 4 ギヤは軽く設定して練習に取り組む

この練習ではギヤを軽く設定する。これにより、酸欠やケガなどのアクシデントを避けることができる。なおレースでは、スプリントは素早く最高速に到達してトップスピードで勝負するので、重いギヤを使うのがセオリーとなっている。

コツ40

筋力トレーニング

体重を使った筋トレで体幹を鍛える

CHECK POINT!

❶体幹を鍛えると運動の精度アップ
❷下半身を鍛えて必要な筋肉をカバー
❸練習の最後に取り組む

自分の体重を負荷にして胴体と下半身を鍛える

体が重すぎてしまうとロードバイクの走行に支障が出るため、筋力の増強はバランス良く行う必要がある。有効なのは、体の胴体部にある体幹を鍛える筋力トレーニング。**腕や脚の操作を司る部分であり、鍛えることで運動の精度を高めることができる。**さらに、バランス能力の向上も見込めるので、非常に効果的だ。体幹に加えて下半身もトレーニングすれば、必要な筋肉をほぼカバーできる。

自分の体重を負荷にする自重トレーニングで取り組めば、ケガのリスクを避けて鍛えられる。練習の最後、ストレッチの前にそれぞれ10×3セットほどの回数をこなして、体力を高めよう。

POINT ❶ 両ヒジと両足で体を支える

両ヒジと両足のツマ先を床につけて、体を一直線に伸ばす。このとき、腕は前腕全体をつけてバランスをとる。尻が上がるなど姿勢が崩れないようにキープし、ヒジとツマ先の4点で体を支えて1分維持する。このトレーニングに取り組むことで、腹筋を中心に体幹全体の筋肉を鍛えられる。

POINT ❷ 2点で体を支えて対角のヒジとヒザを曲げ伸ばし

左手と右ヒザを床につけ、2点で体を支える。このとき、ヒジは伸ばしてヒザは直角に曲げる。右腕と左脚はそれぞれ前後にまっすぐ伸ばし、その姿勢からゆっくりとした動作で、体の真下で右ヒジと左ヒザをつける。これを1回として10回×3セット行い、逆側も同様に行う。体幹を左右それぞれ重点的に鍛える。

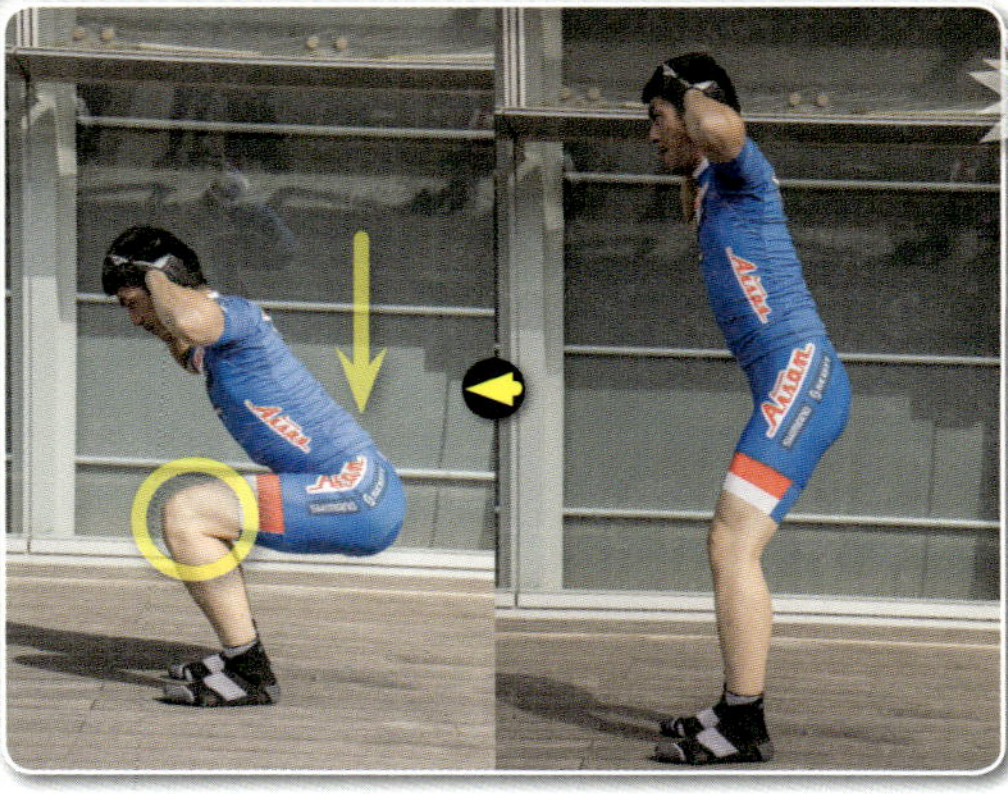

POINT 3 直立の姿勢から腰を落とすスクワット

足を肩幅程度に広げて、直立の姿勢をとる。両手は後頭部に添える。その姿勢から、ゆっくりとヒザを曲げて体を落とす。このとき、ヒザがツマ先よりも前に出ないように、尻をやや後方に引くようにして動作する。これにより、ヒザへの負担を軽減できる。スクワットを行うと、モモを中心に下半身を強化できる。10回×3セット行う。

POINT 4 両ヒザを持ち上げて片足ずつ交互に伸ばす

仰向けの姿勢をとり、両足を揃えてヒザを床と直角に持ち上げる。ヒザは曲げてOKだ。その姿勢から、まず右ヒザを伸ばして右脚をまっすぐにする。最初の体勢に戻して、逆足も同様に行う。これを1回として10回×3セット行う。このトレーニングでは、腰など下半身の筋肉を鍛えることができる。動作はゆっくりと行う。

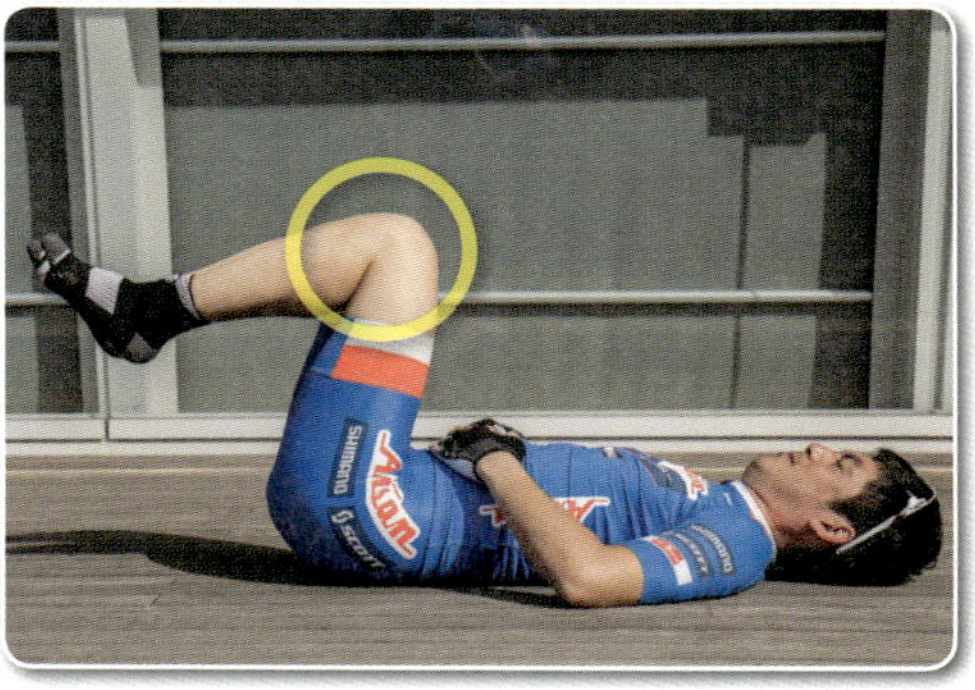

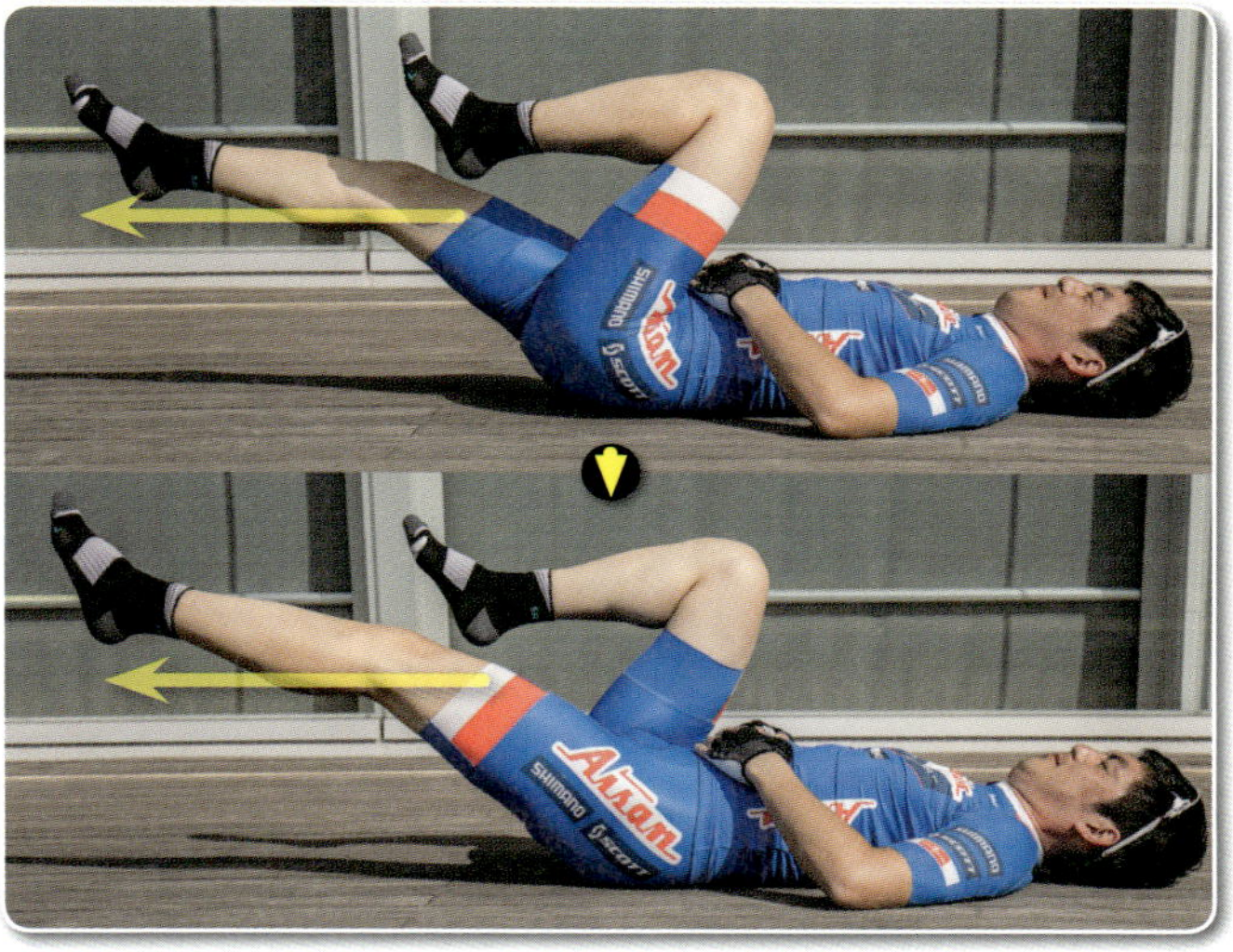

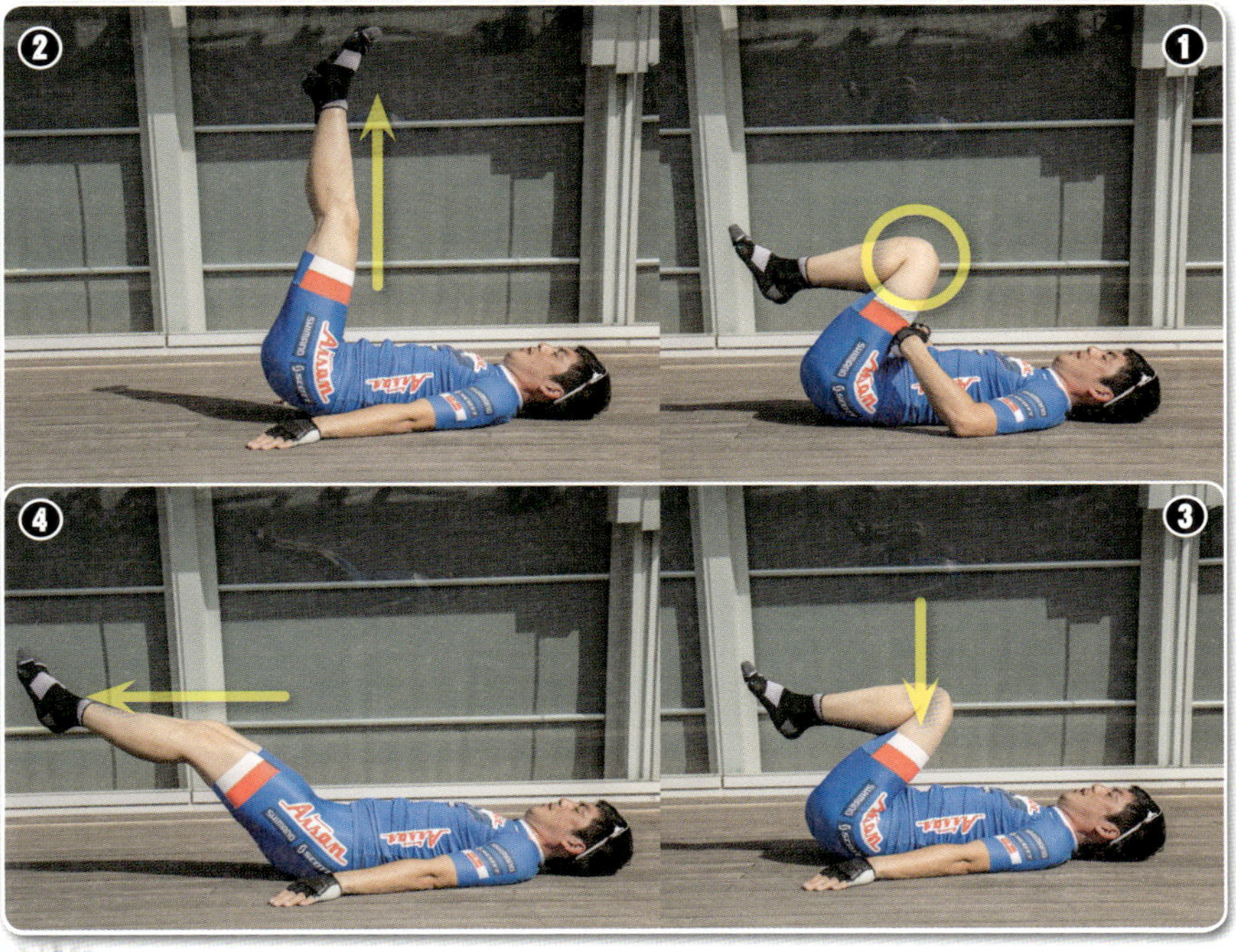

POINT 5 たたんだ両脚を上と前にまっすぐ伸ばす

仰向けの姿勢をとり、揃えた両脚を持ち上る。ヒザが腹の前に来るようにして、脚をたたんで寝そべり体育座りのような形をとる。その姿勢からヒザを伸ばし、脚が床と直角になるように上に向ける。元の形に戻し、次は前に両脚を伸ばす。これを1回としてゆっくりと繰り返し、10回×3セット行う。腹筋と下半身を、同時に鍛えられる効果的なトレーニングだ。

練習上達のPOINT トレーニングはゆっくりと筋肉を意識して行う

筋力トレーニングに取り組む際には、ゆっくりとした動作を心がける。これにより、じっくりと効かせることができる。また、筋肉を意識することも重要。どこをトレーニングしているのが意識を集めると、効率が格段にアップする。

初心者向けの練習メニューを組む

●初心者の練習メニュー例

	練習内容	練習時間
月	ゆっくり余裕を持って 自由に走る	30分～1時間半
火	アップダウンのあるコース	1時間～2時間
水	長めの登りのあるコース	1時間～2時間
木	できるだけ長い時間を 乗ることを心がける	2時間～3時間
金	アップダウンのあるコース	1時間～2時間
土	平坦のコースを 軽くリラックスして走る	3時間～4時間 or レース前なら30分～1時間
日	無理をしない程度で走る レースならば常に余裕と 安全マージンを持って走る	3時間～5時間 or レース

CHECK POINT!

❶練習前後はギヤ比を合わせて走る
❷各フォームを丁寧に走る

※各トレーニングに共通して、乗り始め30分はウォーミングアップを兼ねて、39T-15T or 16T、もしくは34T-14T or 15Tで脚を回す。トレーニングメニューはその後に行う。乗り終わり30分は同じギヤ比で脚を回してクールダウン。

さまざまな道に慣れ走行技術を身につける

練習メニューを作成する際には、1週間単位で考えると良い。レースの多くは土日に開催されるので、週末に向けて複数の練習をこなしていく方法が効果的だ。ロードバイクに乗りはじめて間もない初級者は、まずは走行に慣れることが大切。ケイデンスやスピードはあまり気にせずに、**アップダウンや坂道など、さまざまなコースを走ってそれぞれの走行技術を身につけることが先決だ。**

レースは距離の短いものを選び、楽しんで走れるイベントなどだと尚良い。無理はせずに完走することを目標にして、事故やスタミナ切れに気をつけて走る。

POINT 1 練習前後にはギヤを決めて30分間走る

表の注釈にある“39T-15T”などは、ギヤ比を示している。この数値はギヤの歯車の数を示しており、上記の数値でいえば39の歯車があるフロントと、15枚の歯車があるリヤの組み合わせということであり、この設定で30分間走るという意味。

POINT 2 コースに合わせた走行をフォーム重視で走る

初級者はまだフォームがしっかりと身についていないので、シッティングの基本フォームはもちろんのこと、ダンシングなど各走行技術をコースに合わせて確認しながら走る。ケイデンスを崩さないギヤチェンジなども練習できると尚良い。

コツ42

練習メニュー②

中級者向けの練習メニューを組む

●中級者の練習メニュー例

	練習内容	練習時間
月	回転トレーニング 回転数を90回転～100回転 維持を目標に	1時間～1時間半
火	アップダウンのあるコース アップではペースをあげすぎずに 苦しくないペース ダウンでスピードを上げすぎない	1時間半～2時間
水	アップダウンのあるコース アップでは頂上に向けて ペースをあげていく ダウンでスピードを上げすぎない	2時間～3時間
木	平坦基調のコース 途中できれば回転数100回転 維持で10分間走	3時間から4時間
金	タイムトライアルトレーニング 7分間を2回	2時間半から3時間
土	ロングディスタンス またはレース前なら 回転トレーニング 回転数90回転から 100回転維持を目標に	3時間～4時間 or レース前なら1時間～1時間半
日	ロングディスタンス　or　レース	4時間～6時間 or レース

CHECK POINT!

❶時間を決めて80%の力で走る
❷軽いギヤで長距離走行

※各トレーニングに共通して、乗り始め30分はウォーミングアップを兼ねて、39T-15T or 16T、もしくは34T-14T or 15Tで脚を回す。トレーニングメニューはその後に行う。乗り終わり30分は同じギヤ比で脚を回してクールダウン。

ケイデンスを意識して巡航速度を上げる

ライディングが安定し、長距離の走行が可能になったら、中級者向けの練習メニューへとシフトしよう。**まず重要になるのは回転練習に取り組んで巡航速度を上げていくこと。**基本となる90回転をキープできるようになることが大切だ。練習時間も長めにとり、長い距離を走るコースではペース配分を考えて効率的に走行しよう。

さらに、タイムトライアルやロングディスタンスといったより実戦的なメニューも取り入れる。レースをイメージしながら練習しよう。初級者のメニューよりもハードな内容となるので、体のケアは入念に施す。

POINT 1 タイムトライアルトレーニングで80%の力で走り切る

タイムトライアルトレーニングは、時間を決めて、スピードをキープして走り続ける練習だ。途中でスタミナが切れないようにペース配分することがポイントで、80%ほどの力で走行するようにする。取り組むことで、心肺機能の向上の効果を得られる。

POINT 2 長い距離を軽いギヤで走るロングディスタンス

ロングディスタンスとは、ギヤを軽めに設定した状態で、長い距離をケイデンス90から100回転で走行する練習。巡航速度の向上はもちろん、持久力アップも見込める。スタミナを消費するので、補給を忘れないようにしよう。

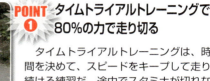

コツ43

練習メニュー③

上級者向けの練習メニューを組む

●上級者の練習メニュー例

	練習内容	練習時間
月	回転トレーニング 回転数100回転～110回転を 維持を目標に	1時間～1時間半
火	パワートレーニング 重いギヤを使ったトレーニング (50T-15T,52T-15T,53T-16T) 2分30秒を10回または 12%以上の登坂を反復10本	2時間～2時間半
水	平坦を中心に 途中15分～20分の レースペースを2本	3時間
木	ロングディスタンス 90回転～100回転を保つ 途中10kmから20kmの 長い山を登れると良い	4時間～6時間
金	タイムトライアルトレーニング 高強度で10分から15分を2回	3時間
土	ロングディスタンス または レース前なら回転トレーニング 回転数100回転から110回転を維持	4時間～5時間 or レース前なら 1時間半～2時間
日	ロングディスタンス または レース	4～6時間 or レース

※各トレーニングに共通して、乗り始め30分はウォーミングアップを兼ねて、39T-15T or 16T、もしくは34T-14T or 15Tで脚を回す。トレーニングメニューはその後に行う。乗り終わり30分は同じギヤ比で脚を回してクールダウン。

CHECK POINT!

❶下半身の筋力を練習で身につける

❷レース前日は調整と準備を行う

レースでの勝利を目指して高強度の練習に取り組む

レースに出場して上位を目指すレベルの上級者となったら、練習時間を増やしてより長くロードバイクに乗るようにする。道具を使うスポーツでは、長く扱って感覚を養うことがレベルアップの重要な要素になる。そのなかで、**レースで巻き起こるさまざまな展開に対応できるように、まんべんなく練習していく**。それぞれの強度を高めることで、どのような場面でも乗り切れるようになる。

勝利するためには、コンディショニングも忘れてはならない。前日は疲労を残さないように軽めに済ませて、ストレッチやマッサージも入念に行う。当日の準備も万端にして早めに就寝する。

POINT 1 パワートレーニングで筋力を身につける

重いギヤを使って走る、急勾配を登るなどのパワートレーニングは、取り組むことで下半身の筋力の増強が見込める。ペダリングの力が強くなれば、ヒルクライムはもちろん、レースの終盤のスプリントで勝負をかけられるようになる。

POINT 2 レースの前日は調整当日の準備もする

翌日にレースを控えた場合の練習は、軽めにこなして疲労が残らないようにする。さらにストレッチなどで入念にケアし、アルコールや油物、生ものの摂取は避ける。さらにペース配分や「20kmで補給、30分に1回水分摂取」など、当日の動きを決めて準備する。

コツ44

体のケア

セルフマッサージで脚部の筋肉をほぐす

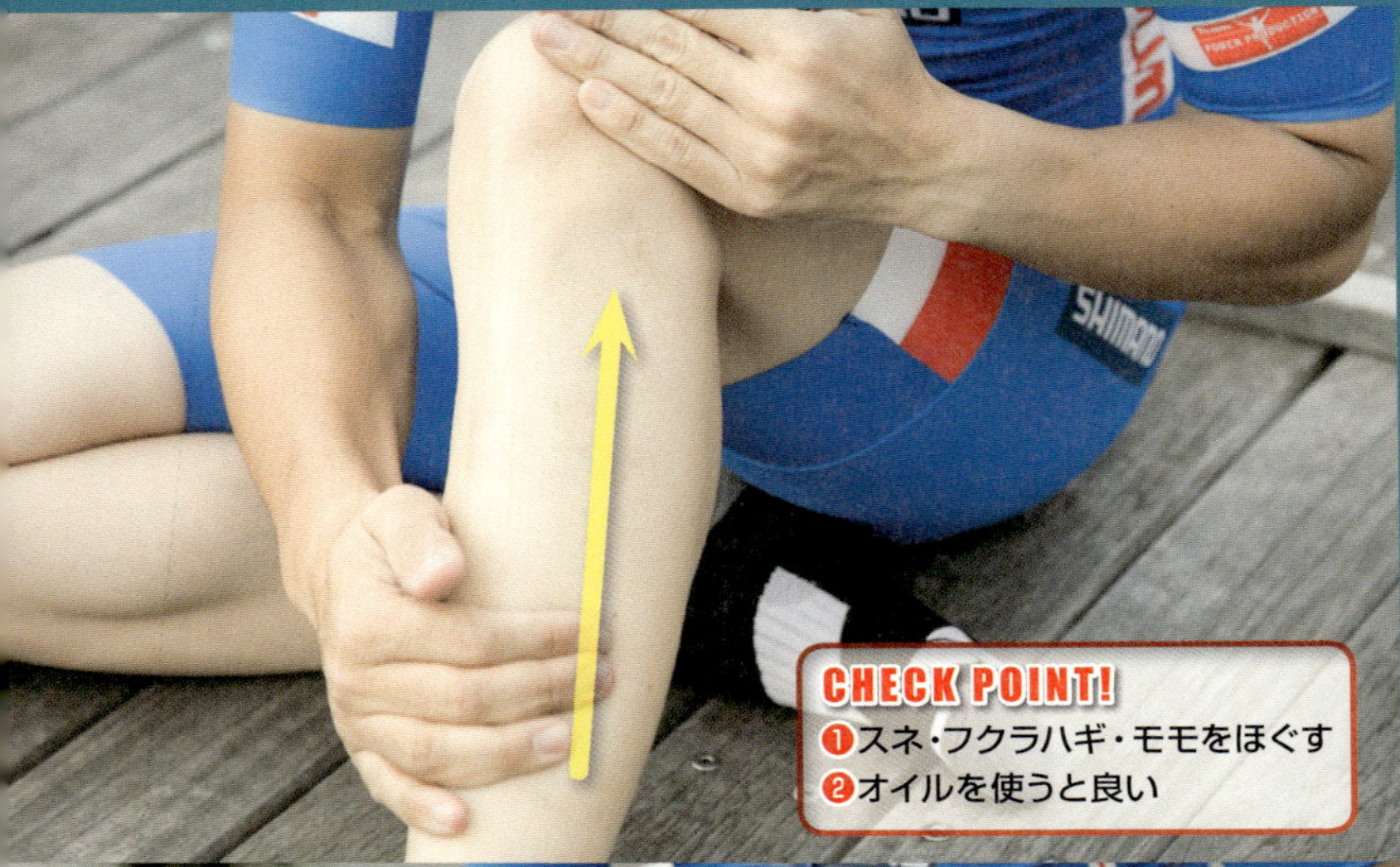

CHECK POINT!

❶スネ・フクラハギ・モモをほぐす

❷オイルを使うと良い

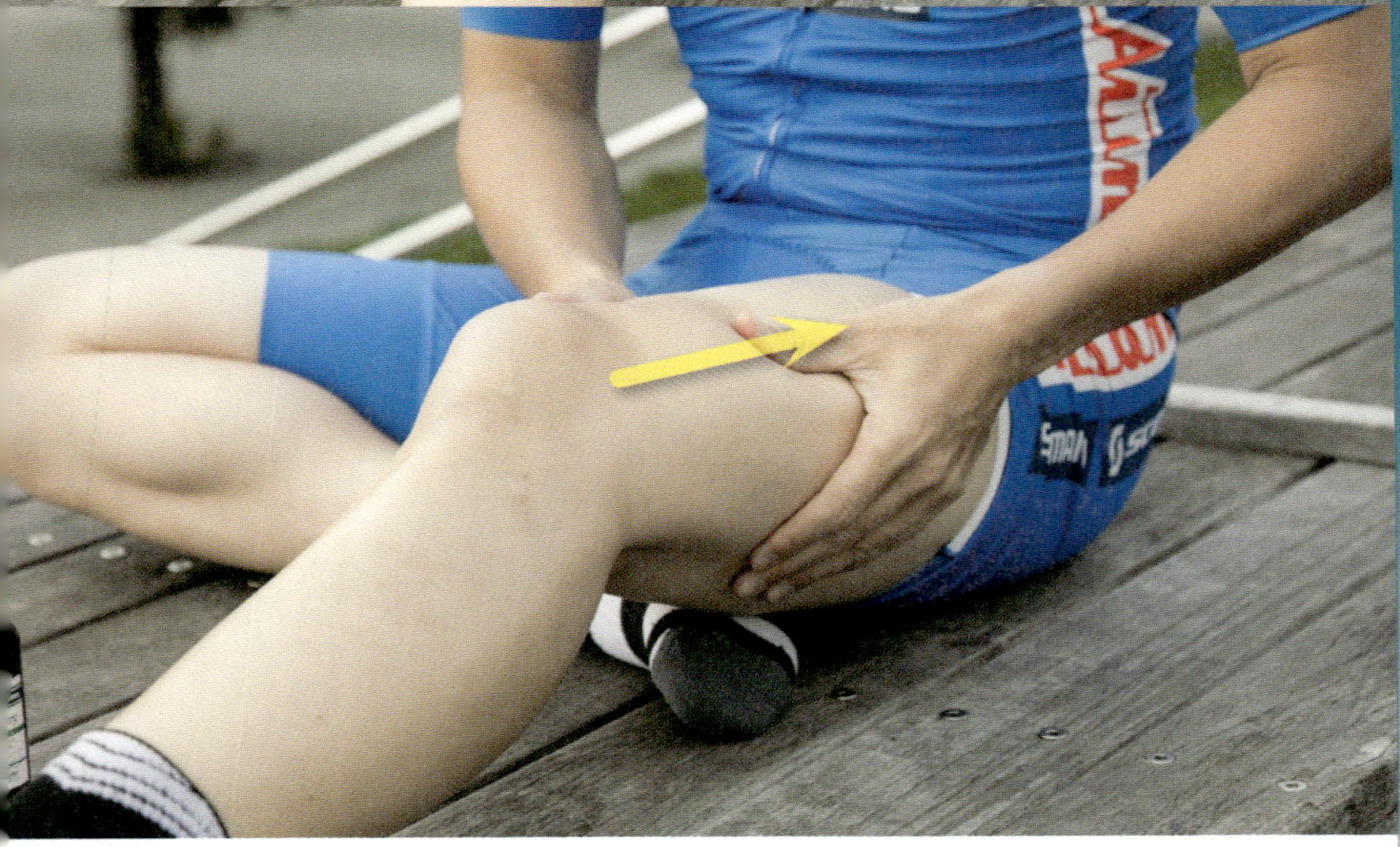

オイルを使って筋肉のケアをする

ロードバイクに長い時間乗ると、特に下半身の筋肉に負担がかかる。疲労が残ると翌日の練習に響き、最悪の場合ケガにつながるので、整理運動まで練習メニューをこなし終えたら体のケアを行おう。習慣的に行える方法として、セルフマッサージがある。**スネとフクラハギ、モモを下から上に揉みほぐすと効果的だ。このとき、オイルを塗ると滑りが良くなるので活用しよう。**

また、セルフマッサージだけでは限界があるので、疲労の蓄積を感じたら整体マッサージ店やカイロプラクティック院など専門の施設でケアしてもらう。体の左右バランスなども整えてもらえる。

PART 4

パーツ交換で ステップアップ ＆ライドの用意

CHECK POINT!

1. タイヤは早めにグレードアップ
2. コースに合わせたギヤ交換
3. ホイール交換も効果的
4. 105クラスを目指す

コツ45

少額でのレベルアップ

パーツ交換の優先順位を知る

タイヤを第一にギヤとホイールも検討する

ロードバイクはほぼ全てのパーツを交換可能であり、それぞれ多くの種類、あらゆるグレードが揃っている。それだけに、乗り始めたばかりの初心者がパーツを選ぶのは至難だ。完成車でも充分に走行できるので、最初はそのままの状態で練習するのも良いだろう。

予算に余裕があるのなら**タイヤを交換してみよう。タイヤは一段階グレードアップするだけで乗り味が格段に良くなるので、取り替えることで上達の手助けになる。**レースを視野に入れるなら、技術習得に応じてギヤとホイールも交換しよう。なおサドルやフレームなどは、さらにこだわりが出てきてからで十分だ。

POINT 1 タイヤはなるべく早くグレードアップさせる

入門用の完成車のタイヤは安価のものが多く、重量が重く、グリップ力が低い。1つ上のクラスに交換するだけで格段に走りやすくなり、技術の習得がスムーズになるので、購入時から即交換しても良いくらい。なるべく早く交換しよう。

POINT 2 レースに出場するなら実戦的なギヤが必要

レースに出場するとなると、そのコースの特徴に合わせてギヤを交換するのも一つの戦略だ。入門用のギヤはどんな道でもある程度走れるように、大きく大雑把になっているので、こまめなギヤチェンジが要求されるレースでは適さない。

POINT 3 レベルアップに合わせてホイールを軽くする

タイヤの次に効果的な交換はホイール交換だ。特に軽いカーボンにするのがオススメだ。サドルやステムなどは、必要に応じて交換する。フレームはそこまで重視しなくても良いだろう。

POINT 4 105クラスを目指してパーツ揃えると良い

105（イチマルゴ）クラスとは、バイクパーツのグレードのこと。手の届く価格でレースで通用するだけのクオリティを持っているので、まずはこのグレードでパーツを揃えることを目指すことをオススメする。

コツ46

タイヤ交換

まずはクリンチャーがオススメ

CHECK POINT!

❶クリンチャーはタイヤの外側とチューブが別々
❷チューブラーは反対に一体化している
❸パンクに対応しやすいクリンチャーがオススメ

チューブと別々のクリンチャー 一体化しているチューブラー

タイヤは、クリンチャーとチューブラーの2種類に大別される。クリンチャーはタイヤの外側と空気を入れるチューブが別々になっていることが特徴で、チューブラーは一体化しているため軽量、しなやかでレース用。

走りの質としてはチューブラーが秀でているが、オススメはクリンチャーだ。**走行中のパンクはチューブの破損がほとんどであるため、クリンチャーならスペアチューブとちょっとした工具さえサドルバックに入れておけば交換できるのだ。**質の面でも、種類が豊富なので耐久性やグリップ性などを充分グレードアップさせていける。

CHECK POINT!
❶リムの素材はアルミニウムがポピュラー
❷プロはほとんどが軽量のカーボンを使用
❸用途によって使い分ける

コツ 47

ホイール交換

軽量のカーボンリムでグレードアップ

アルミニウムからカーボンに交換できるとレベルアップする

ホイールの、円形部分であるリムはアルミニウムやステンレス、セラミックなどさまざまな素材で作られる。

そのなかでもグレードが高いのが、カーボン素材だ。**最も軽量な素材であり、プロレーサーのほとんどがレースで使用する。**なおカーボンは繊維であるため、金属と同じブレーキシュー（ブレーキのリムと直接あたる部品）では削れてしまうので、専用のブレーキシューを用意する必要がある。ブレーキがあたる部分のみアルミニウムになっているリムも開発されるなど、さまざまな種類がある。

ホイール（前輪と後輪）脱着の手順

ロードバイクは、特別な工具を使わずにホイール（前輪と後輪）の脱着が行える。前輪や後輪に付いているクイックリリースというレバーを操作するだけで、ホイールのロックが解除できるのだ。ホイールの脱着が行なえるようになると、ホイールの交換やパンク修理、タイヤ交換といった作業が簡単になる。また、輪行バッグに入れたり、車に搭載するときなどもホイールの脱着は不可欠だ。メンテナンスの初歩の初歩なので、必ず覚えておきたい。前輪の脱着はほとんど難しいことはないが、後輪はギヤやチェーンがあるため、少しだけ手間がかかる。しかし、作業に慣れてしまえば30秒もあれば後輪を外せるようになる。さっそくチャンレジしてみよう。

……………前輪の取り外し……………

❶前輪のブレーキアーチを緩める。

❷クイックリリースのレバーを外側に引っ張るようにして開く。

❸レバーが開いた状態で数回ほど回して、前輪の軸とフォークのツメのあいだを緩める。

❹前輪の軸がフォークのツメに軽くひっかかった状態になる。

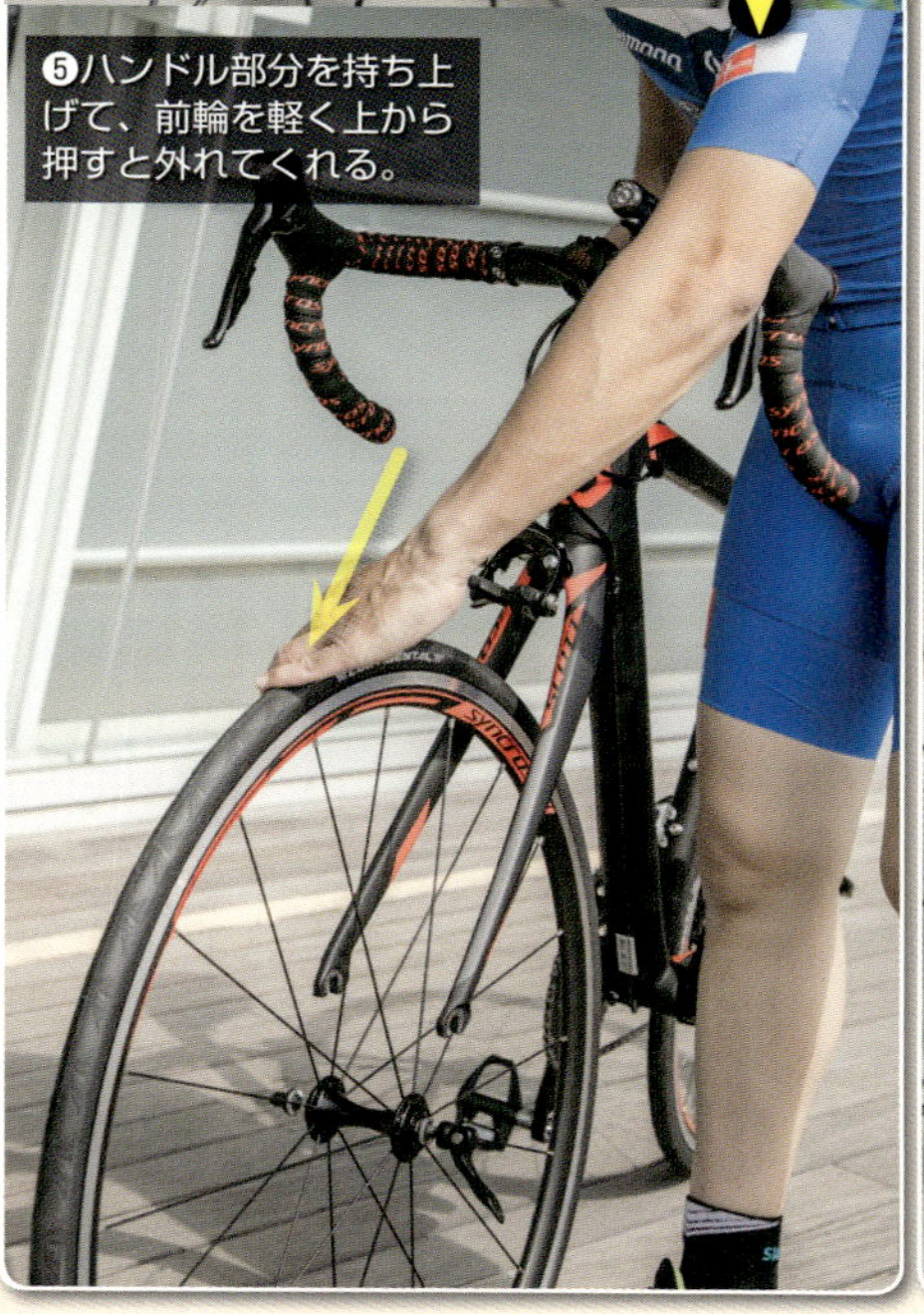

❺ハンドル部分を持ち上げて、前輪を軽く上から押すと外れてくれる。

……………前輪の取り付け……………

❶ハンドル部分を持ち上げて、クイックリリースのレバーを左側にして前輪を装着する。

❷前輪の軸がフォークのツメに引っかかっているかをしっかり確認する。

❸レバーを軽く開け閉めしながら、反対側のナットを回して、締めていく。

❹写真のような状態でナットを、手応えを感じるくらいまで手で回していく。

❺手のひらでレバーを内側に押し込んで締める。ブレーキアーチももとに戻す。

レバーを前方向に閉じてしまうと、障害物との接触でレバーが開くことがあるので要注意。

後輪の取り外し

❶前輪同様、後輪のブレーキアーチを緩める。

❷脱着しやすくするために後輪のギヤをトップ（一番外側の小さいギヤ）にする。

❸ギヤの反対側にあるクイックリリースのレバーを外側に広げて、ロックを緩める。

❹リヤのディレイラーを軽く持って、少し後ろに引っ張ると後輪が外れやすい。

❺サドルを持ってバイクを浮かせて、後輪を下に向けて軽く叩くとストンと外れる。

❻後輪を外す際には、ディレイラーに土などが付着しないようにバイクはしっかり持っておこう。

後輪の取り付け

❶シフターがトップなのを確認し、外したときと逆に後輪をバイクの後方から入れる。

❷上側のチェーンをギヤのトップに当て、写真のようにディレイラーのプーリーを下に押す。

❸リヤのツメ部分（エンド）が後輪の軸に近づいてくるので、後輪を軽く後ろに引く。

❹すると後輪の軸がリヤのエンドにストンと収まる。左右ともしっかり奥まで入れよう。

❺左右の軸がエンドに入っていることを確認してから、レバーを内側に押し込んでロックする。

❻レバーは障害物の引っかかりにくい方向に閉じ、ブレーキアーチも締めておく。

タイヤ脱着の手順

タイヤにはチューブラーとクリンチャーの2タイプがあるが、ここでは最も一般的なクリンチャータイヤの脱着の手順を紹介する。タイヤの脱着ができるようになれば、路面状況に合わせてタイヤの交換も可能だ。また、パンク時のチューブ交換など日頃のメンテナンスでもタイヤの脱着の機会は多いので、ぜひとも覚えたい。タイヤの脱着に必要な工具はタイヤレバー。また、チューブに空気を入れるためにポンプも必要だ。タイヤの指定圧まで空気が入ったかを確認できるエアゲージ付きのものが便利だ。別途にエアゲージを単体で用意してもいいだろう。

……………タイヤの取り外し……………

❶バルブ先端を回して緩め、先端を押して空気を抜く。バルブの根元にあるナットを外す。

❷タイヤレバーをリムとタイヤの間に入れ、タイヤレバーをスポークで固定。少し間隔を空けて2本目のタイヤレバーを引っかける。

❸タイヤのビード部分がタイヤから外れるので、タイヤレバーをリムに沿ってズラしていく。

❹次第に緩くなるので、レバーを使わないでも作業できる。タイヤのビード部分を外す。

…………タイヤの取り付け…………

❶新しいタイヤにはクセが付いていることがあるので、いったん手で伸ばしてから装着する。

❷タイヤのラベルとホイールのバルブ位置を合わせておくとパンク時に原因を特定しやすい。

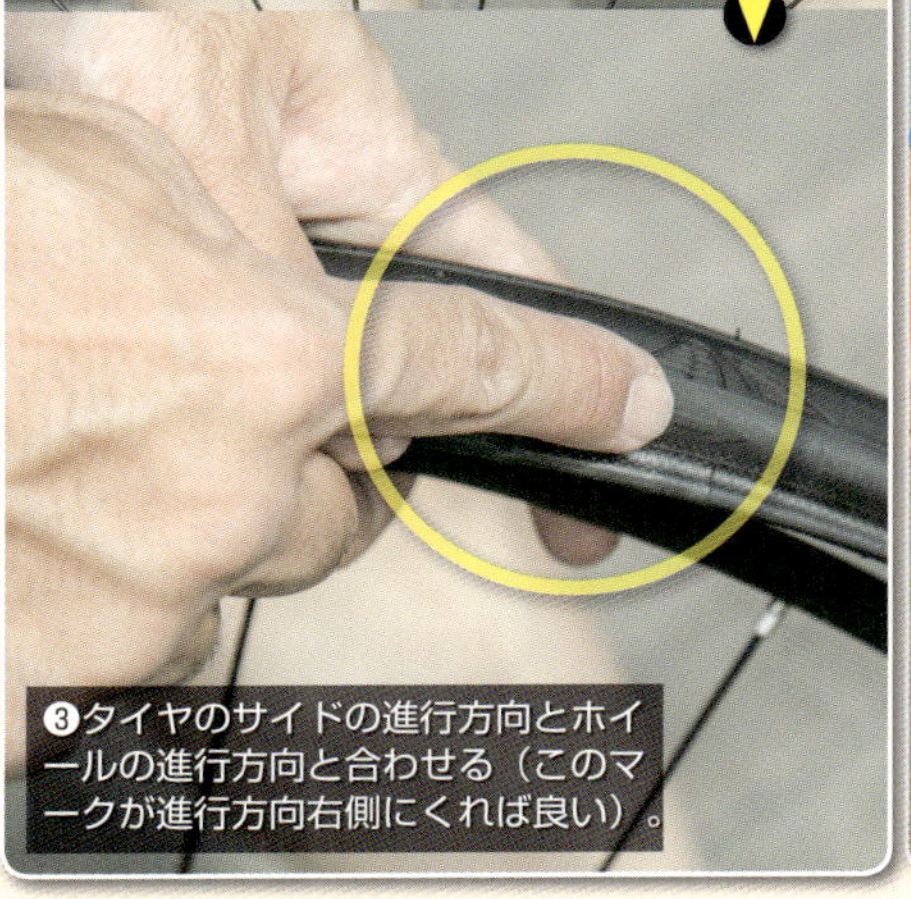

❸タイヤのサイドの進行方向とホイールの進行方向と合わせる（このマークが進行方向右側にくれば良い）。

❺ビードが外れた状態で、バルブの反対側の位置からチューブを引っ張り出していく。

❻ホイールからチューブのバルブを引き抜く。バルブの根元が傷つかないように注意しよう。

❼チューブを取り外せた。タイヤのもう一方側のビード部分を外すと、タイヤが取り外せる。

❹親指でタイヤを押し込むようにして、タイヤの片側のビード部分をリムに入れていく。

❺タイヤの片側のビードがすべて収まった。ビードが固いときはタイヤレバーを使おう。

❻チューブに空気を入れて少しだけ膨らませ、チューブのバルブをリムの穴に入れる。

❼チューブをタイヤの中に入れていく。チューブが捻れないようにタイヤを少し揉むように入れると良い。

❽タイヤの残り片側のビード部分をリムに入れていく。

❾タイヤの状態を確かめるため、フロアポンプを使って、チューブに軽く空気を入れる。

⑩軽く空気が入った状態でタイヤを揉みながら、タイヤの中にチューブを収めていく。

⑪タイヤをぐっと握ってタイヤをリムに入れる。固い場合はタイヤレバーを使っても良い。

⑫チューブがはみ出ないようにタイヤごと揉む。チューブを確実にタイヤの中に入れよう。

⑬フロアポンプを使って、タイヤのサイドに記された指定圧まで空気を入れる。

⑭バルブを閉めて、根元にナットを装着する。バルブの先端にキャップをはめておこう。

⑮これでタイヤ交換が完了した。ホイールをバイクに取り付けよう。

コツ48

ギヤ交換

コースに適したギヤを選択する

CHECK POINT!

1. 初心者向けは大きい
2. 上級者は小さいギヤを使う
3. 山では軽いギヤを備えておきたい
4. レースに出るなら交換するべき

11段の変速を走りやすく構成する

ギヤは歯数の異なるものを組み合わせて構成されており、リヤは大きいものから外側にかけて小さくなっていく。段数は多ければそれだけ対応力があがる。フロントは外側のアウターと内側のインナーの2枚構成が大半で、リヤとは反対に大きい方が外側になっている。

ギヤは取り替えることができ、コースによって最適なものに交換する。**山ならば軽いギヤが必要になるのでやや大きめのものを選択し、平坦ならば小さなギヤでスピードを追求する。**

POINT 1 変速の幅が大きい初心者向けのギヤ

スプロケットという名称でも呼ばれる後輪のギヤは、内側が大きく外側が小さい。写真は11Tから32Tの、特に大小差があるビギナー向けのギヤ。変速の幅が大きいため、使い勝手が良い。しかし大雑把な構成なので、細かな調整ができない。

POINT 2 細かな速度調整ができる上級者向けのギヤ

11Tから25Tの上級者向けギヤ。大小の差が小さいため細やかなスピード調整が可能。自分の思い通りにタイミング良くスピードを発揮できるので、特に平坦の多いコースで有効だ。最も軽いギヤが25Tであるため、ペダリングの力が必要となる。

POINT 3 ヒルクライムでは大きなギヤを取り付ける

ヒルクライムレースや、登りの多い山道では歯数の多い大きめのギヤを取り付けると走りやすい。28Tや32Tの一回り大きなスプロケットにすると良いだろう。しかし25Tで登り進める選手もいるので、練習しながら自分に最適なギヤ比を探そう。

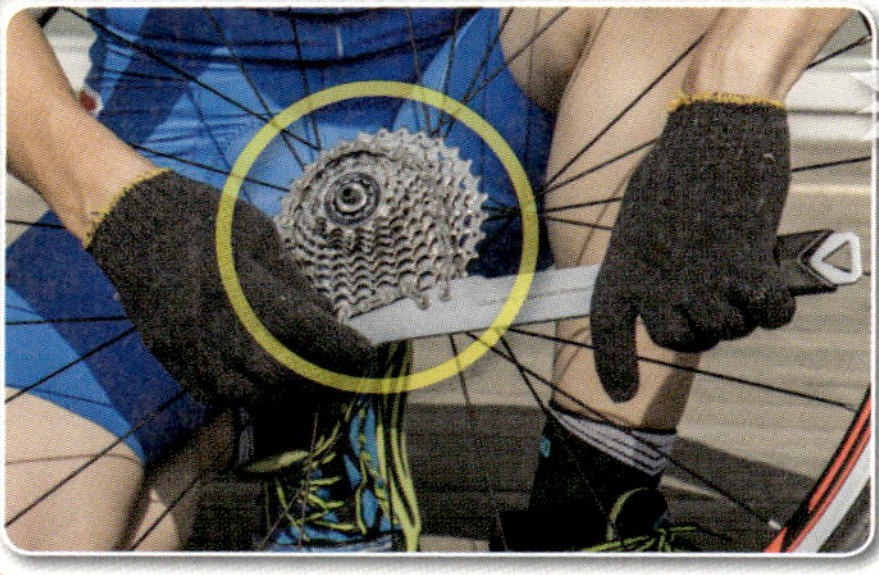

POINT 4 上達に応じてスプロケットを交換

レースに出るとなると、完成車のギヤでは物足りないので、上達に応じて付け替えにトライしよう。また、ギヤも少しずつ摩耗していくので、チェーンと噛み合わなくなってきたら交換しなければならない。交換の方法は次ページで紹介する。

後輪ギヤ交換の手順

リヤのギヤ（スプロケット）はフリーハブ（軸）に取り付けられており、専用の工具を使って交換することができる。ヒルクライムに向けて軽いギヤにしたり、パーツのグレードを上げてもいいだろう。必要な工具はロックリング締め付け工具、スプロケットリムーバー、24mmのボックスレンチ。なお、レンチはモンキーレンチで代用も可能。また、取っ手が付いたロックリング締め付け工具も存在し、こちらの場合はレンチも必要ない。作業時にはギヤを直接触ることになるので、手が汚れないように軍手などの作業用手袋をしておこう。スプロケットが脱着できれば、ギヤの洗浄も可能になるので、メンテナンスのためにも知っておいて損はない。

……………スプロケットの取り外し……………

❶後輪を取り外し、クイックリリースのレバーを持ち、反対側のナットを回して、外そう。

❷クイックリリースの軸を抜き取る。ナットは無くさないように軸に付けておくといい。

❸ギヤの取り外しには、専用工具のロックリング締め付け工具を使用する。

❹ロックリング締め付け工具をスプロケットに装着する。

❺スプロケットリムーバーのチェーンを写真のように大きなギヤ側に引っかける。

❻写真の方向でギヤにチェーンを引っかけるとギヤをしっかり固定することができる。

❼締め付け工具の頭の六角形にレンチをはめ、レンチとリムーバーに下向きに力を入れる。

❽カチカチという音がしてロックリングが緩むので、レンチを反時計回りに回していく。

❾手応えがなくなったら、締め付け工具を抜いて、ロックリングを外す。

❿ロックリングを外したら、スプロケットを引き抜く。まったく力は必要ない。

※写真では見やすさのため締め付け工具を外してある

スプロケットの取り付け

❶ハブの一部に広い溝があり、ギヤ内の凸部もそれに合わせて広くなっている。

❷ハブの溝とギヤの凸部分を合わせるようにして、ギヤをハブにはめていく。

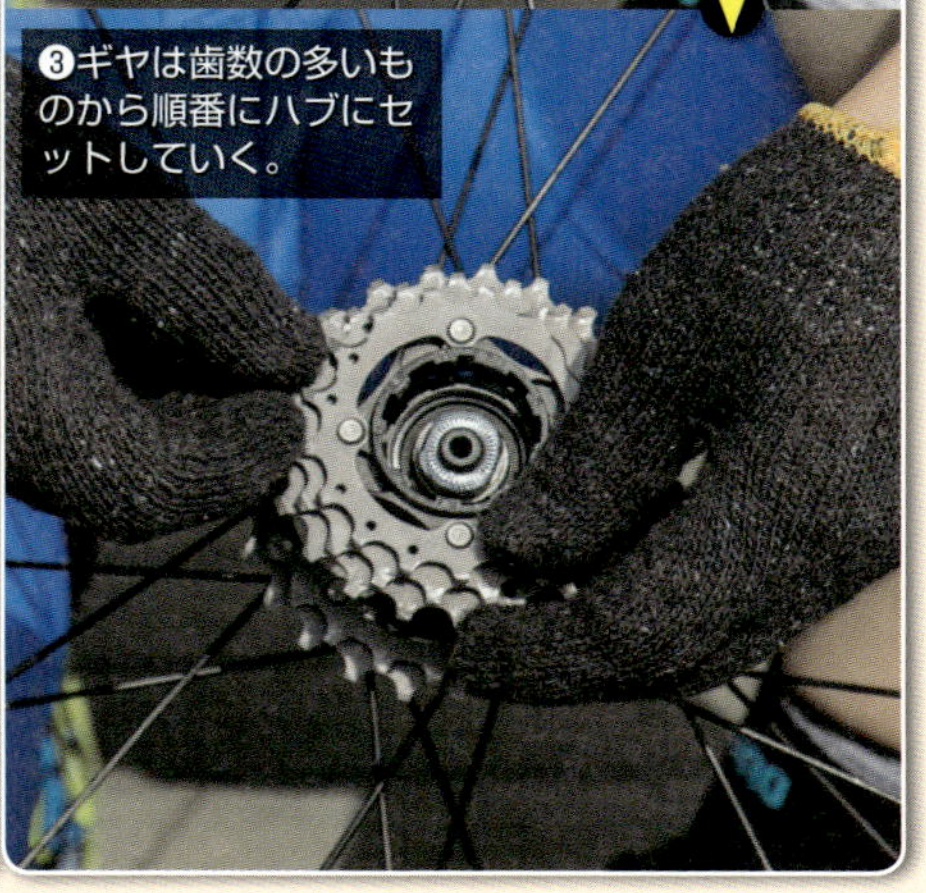

❸ギヤは歯数の多いものから順番にハブにセットしていく。

❹ギヤに刻印のある面がトップ側（外側）になるようにして取り付けていく。

❺必要に応じてギヤ間にスペーサーを挟む。ギヤの説明書をしっかりと確認しよう。

❻最後の2枚はスペーサーを挟まないで、そのまま装着する。

❼これで11速すべてのギヤを装着した状態となった。

❽最後にスプロケットに付属しているロックリングを装着する。

❾ロックリングを装着し、ロックリングに締め付け工具をはめよう。

❿カチカチという音が収まるまで、レンチで締め付け工具を時計方向に回して固定する。

⓫ギヤがフリーハブに固定され、装着が完了する。

⓬方向を間違えないようにクイックリリースを後輪に取り付けて、ギヤ交換終了。

CHECK POINT!
1. 硬いサドルに交換する
2. ステムを長くする
3. しなやかなハンドルを使う
4. ハンドルのテープを交換

コツ 49

その他のパーツ交換

サドル・ステム・ハンドルを取り替える

レベルアップに合わせて ロードバイクをカスタム

タイヤとホイール、ギヤの交換をこなせるようになったら、その他のパーツ交換も考えてみよう。**サドルとステム、ハンドルは一見重要性が低いようでいて、ポジションに関係する影響力の大きなパーツでもある。**サドルを取り替えればペダリングしやすくなり、上達してくるとステムを長くしたいと思うようになるだろう。ハンドルもカーボン素材にすれば、体への負担を軽減できる。

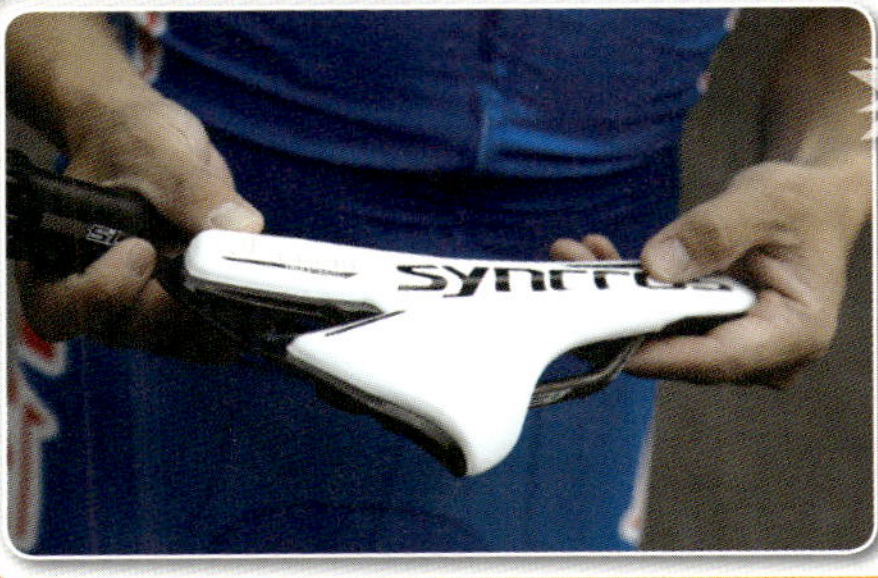

POINT 1 薄く硬いサドルはペダリングの助けになる

サドルは腰掛ける部分なので柔らかい方が楽に感じがちだが、実際は薄く硬い形にまたがった方がペダリングしやすく、軽量化にも効果的。最初は痛みがあるが、毎日乗っていると慣れてくるので、レースで高記録を出したいのなら交換するべきだ。

POINT 2 ハンドルまでの長さを決めるステム

ステムとはフレームとハンドルのつなぎをするパーツのことで、上半身のポジションに関係する。また、ハンドリングにも絡むため、コーナーリングにも影響がある。一般にステムが長いほどスピードを維持しやすいといわれる。筋肉がついてきたら、長めのステムに挑戦しても良いだろう。

POINT 3 カーボン素材のハンドルを使って衝撃吸収

ハンドルはアルミニウム素材のものが多いが、余裕が出てきたらカーボン素材に取り替えてみよう。軽量化はもちろん、繊維による衝撃吸収で体への負担を軽減することができる。上達を目指すならなおのこと、体を気遣うべきだ。

POINT 4 ハンドルのテープは汚れたら交換

ハンドルには握りやすいように、テープが巻かれている。乗る時間が積み重なると汚れてくるので、その都度交換しよう。テープにはコルク素材などさまざまな種類があるので、握り心地を試すなどして選ぶのも楽しみのひとつだ。

CHECK POINT!

1. 高エネルギーの補給食を用意
2. ドリンクは粉末がオススメ
3. それぞれケージ・ポケット・バッグに収納

コツ50

ロングライドの用意

ドリンクと補給食を携帯してエネルギー補給

エネルギーを補給し続けてハンガーノックを避ける

100㎞や200㎞の距離を長い時間をかけて走るロングライドでは、途中のエネルギー補給を充分に考えなければならない。ロードバイクの走行は見た目以上にカロリーを消費する動作であるため、**補給食とドリンクを常に摂り続けるくらいの気持ちが大切**。

怠ると脱水症状など体の不調につながり、最悪の場合〝ハンガーノック〟を引き起こす。これはエネルギーを使い切っている状態のことで、体のフラつきや手足のしびれ、めまいといった症状があり、意識を失うこともある。失神寸前の動けない状態になると帰宅もままならないので、こまめなエネルギー補給を徹底しよう。

POINT 1 補給食は高エネルギーのジェルやバーが最適

エネルギーを効率良く摂取できるスポーツ用の食品を補給食にする。特にオススメなのはジェルで、咀嚼の必要がないのでスムーズに補給できる。バー状の食品も、コンパクトなのでジャージのポケットに入れることができ、即座に食べられる。

POINT 2 ドリンクは粉末を携帯する

体内の水分と塩分が汗となって流れてしまうので、飲み物はそれらをスムーズに補給できるスポーツドリンクを選ぶ。ドリンクは粉末状だと、かさばらないので携帯しやすい。飲料水は手に入れやすいので、その都度足すことができるメリットもある。

POINT 3 ドリンクはボトルケージ 補給食はポケットとバッグ

ロードバイクにボトルケージを取り付ければ、ドリンク用のボトルを収納して持ち運べる。補給食はサドルバッグかジャージのポケットに収納する。エネルギーは気づかないうちに減るので、30分に一度は補給しよう。

練習上達のPOINT ボトルは持ち上げず押して口の中に入れる

水分補給時に視野を前方からそらさないように気をつけよう。ボトルを持ち上げるのはNGで、飲む際には飲み口を横から差し込み、ボトルの腹を強くつかむようにして中身を押し出す。正しい方法を身につけて、スムーズに栄養補給できるようになろう。

コツ51

雨天の準備

雨に備えるアイテムを揃える

CHECK POINT!

1. レインジャケットで雨対策
2. 腕と脚のウォーマーで防寒
3. 指まで覆うグローブを着用
4. アイテムは小さくまとめて収納
5. 気温変化にも対応可能

水しぶきと寒さの対策をする

雨の天候では、まずタイヤの空気圧をやや落としてグリップ力を高めることがポイント。さらに通常のウェアに装備をプラスすると、パフォーマンスを落とすことなく走行できる。水をはじくレインジャケットとグローブ、視界を確保するためのキャップ、さらに寒さ対策のために腕と脚のウォーマーを身につければ、雨の影響を抑えることができる。空に雲がかかって全体的に暗くなるので、視界を明るくするイエローレンズのアイウェアがあるとなお良い。寒さを苦手とするなら、高性能のアンダーシャツを着用しよう。

これらのアイテムは晴れの天候であっても、途中で雨が降る可能性があったら携行する。

POINT 1 レインジャケットは襟と後ろの丈が長い

ロードレーサー用のレインジャケットは、襟の高いデザインで作られている。これは風を入れないための工夫で、防寒とともに着用前と同じ感覚で走行し続けることができる。また、背中の丈がやや長くなっている。これには、水しぶきがウェアにかからないようにする目的がある。ウェアが雨に濡れると重くなり、さらに体の冷えが早くなるので、雨の天候ではレインジャケットを着用するのが良い。

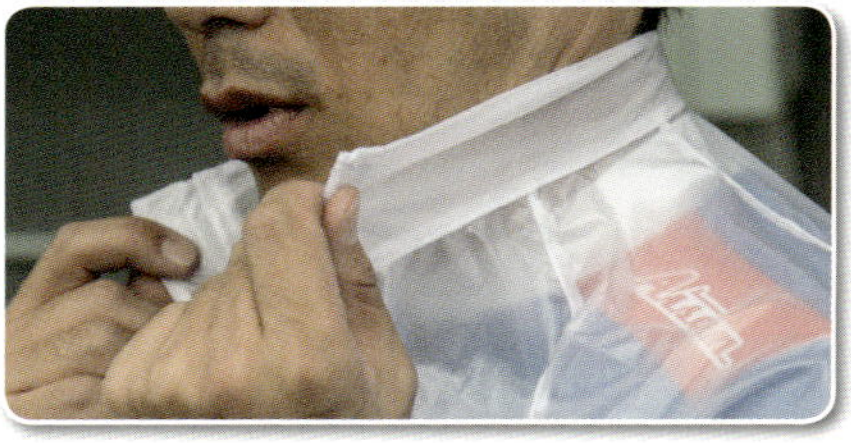

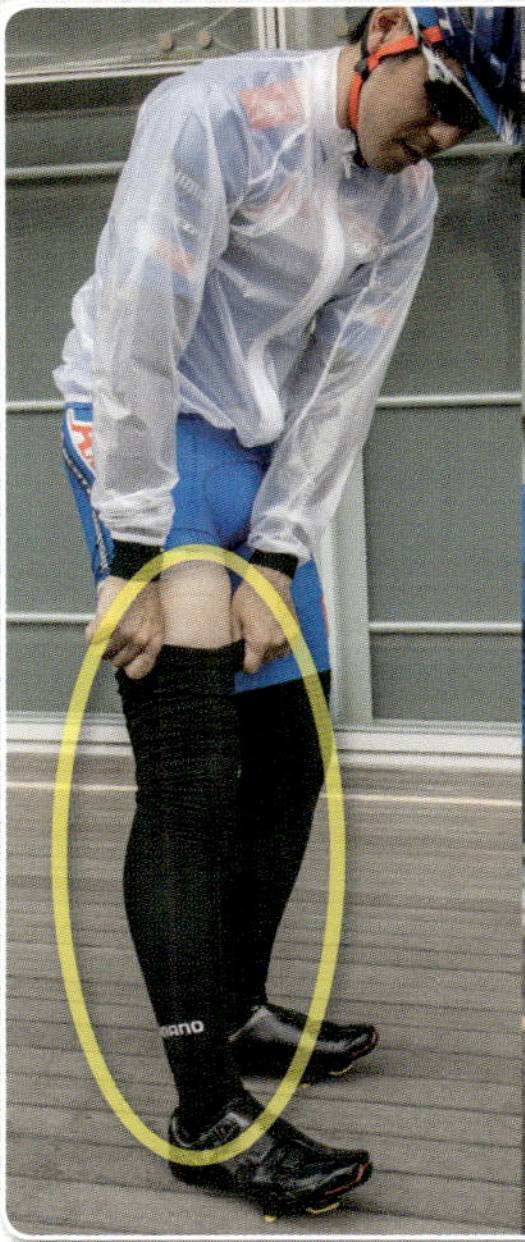

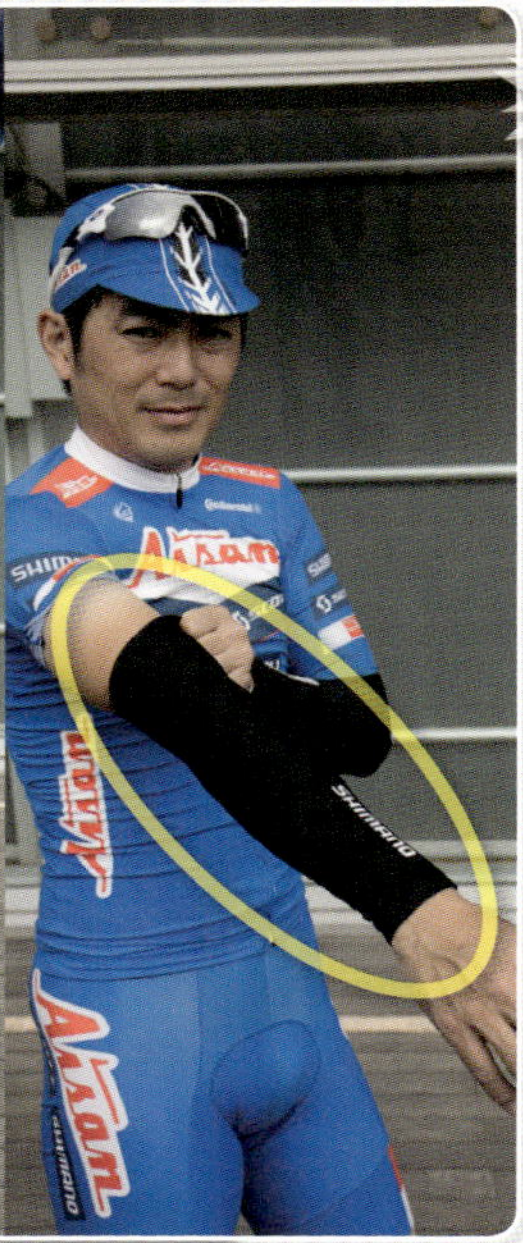

POINT 2 アームウォーマーとレッグウォーマーで防寒

アームウォーマーは手首から二の腕までをカバーするアイテムで、半袖のウェアを長袖にすることができる。走行しながら着脱できるため、雨のときはもちろん気温の変化にも対応できるのがメリット。レッグウォーマーも同様で、足首からモモまでを覆うアイテム。チャック付きのレッグウォーマーならバイクをおりることなく脱着できる。

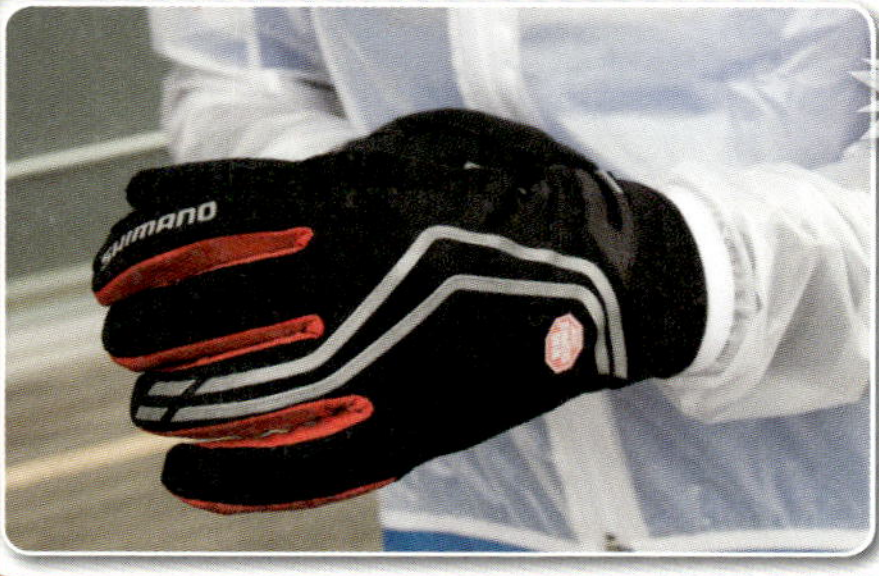

POINT 3 指まであるグローブを着用する

雨天時には指先が露出するグローブだと、雨にさらされて冷える。またハンドルを握る手も滑りやすくなるので、水をはじく素材で作られた手全体を覆うグローブを着用する。走行中に着用する際には、指の空いたグローブを外してから手にはめる。

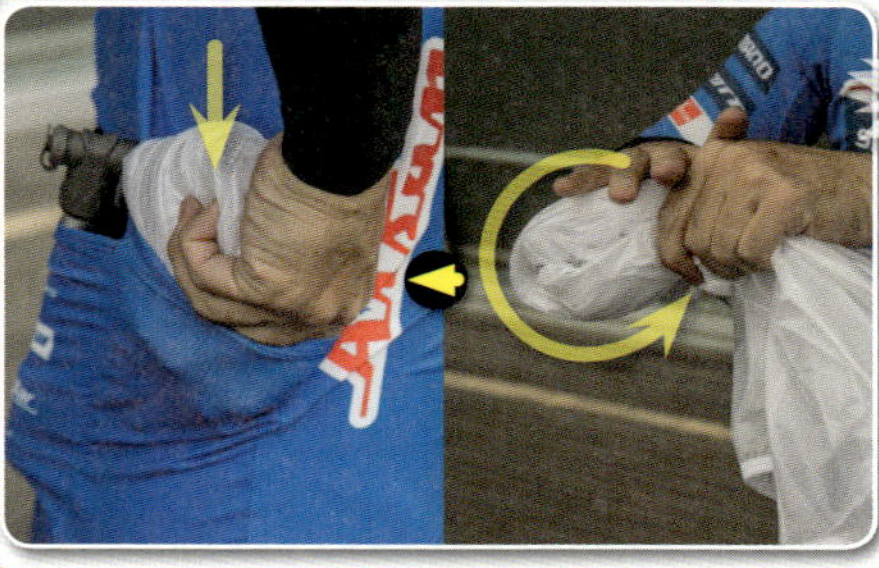

POINT 4 ポケットにアイテムを収納して走る

途中で雨が降りそうなら、雨用のアイテムをジャージのポケットに入れて携行しよう。どれも小さくまとめられるようになっているので、くるくると丸めればかさばらない。雨が降りだしたら即座に着用し、冷えによって体力を奪われないようにしよう。

POINT 5 気温の変化に最低限のアイテムで対応

ロードレースは動き続けるスポーツなので、体は常に暖かい状態。気温が高い環境では、熱を放出できるように軽装で走行する。しかし風で冷えることがあるので、腹部はしっかりと覆う。寒い環境ではアームとレッグのウォーマーを装着し、グローブも長いものに変える。これだけでも、外気に触れる部分が減るため、かなりの防寒効果がある。

PART 5
ロードレースについて知ろう

コツ 52

レースの心得・別府匠インタビュー

レースに出場してゴールの感動を仲間と共有する

世界と日本のロードレース

ロードレースは世界各国で開催されています。本場・ヨーロッパなら毎週末、近年ではアジアでも盛り上がりを見せており、国によっては大きな国際レースを年に数回開催しています。また、世界各国から人を集めて走るロングライドイベントもよく行われていますね。欧米人はアジアの文化が好きなので、観光とロードレースを絡めて楽しんでいる人が多くいるようです。

日本でも5月にツアーオブジャパン、９月にはツールド北海道、10月のジャパンカップなど、数多くの国際レースが開催されています。イベントも盛んで、6月の富士山ヒルクライムには、８０００人ものレーサーが集まります。

ツール・ド・フランスに代表されるような何日もかけて行うステージレースは一般向けには日本ではまだ普及していませんが、ヒルクライムレースやエンデューロレースなどは流行しています。この2つは集団走

行をする必要があまりなく、自分のペースで走ることができるので初心者にも出場しやすいでしょう。ヒルクライムレースで仲間とタイムを競ったり、エンデューロレースでは3～4人でチームを組んで協力して走るなど、盛り上がりのあるレースは人気を博しています。

60㎞を走り切れるレベルに達したらレースに出場する

レース初心者にとってまず壁になるのは集団走行です。大勢でまとまっての走行は、周囲との距離が近く圧迫感があり、何が起きるかわからない状況なので、突然のブレーキや横のレーサーのフラつきなどでクラッシュする危険も大いにあります。

事故を起こさないために必要になるのは、速いスピードで集団走行をしても対応できるだけの余裕です。走ることに精一杯では周囲の動きに対応できないので、バランスを崩さず走行できることはもちろん、走りながら周りの動きを把握できることが、アクシデントに巻き込まない・巻き込まれないために重要なのです。

出場する前にまず、60㎞（約2時間～2時間半）を問題なく走行できるだけの技術を身につけましょう。このハードルを突破

できれば、ヒルクライムレースやエンデューロレースに出場できるだけの実力があるといえるでしょう。

チームワークで戦うレースの醍醐味

仲間とチームを組んで出場することも、レースならではの面白味です。エンデューロレースや耐久レースでは、3人から6人くらいが丁度良いでしょう。**一番力のないレーサーを残りのメンバーで引っ張ってサポートしたりすると結束感が生まれ、チームで協力して全員でゴールすると1人でのゴールとは一味違う感動があります。**また大人数で登録し、仲間内で競争するのも楽しみ方のひとつです。レースによっていろいろな走りを楽しみましょう。

レベルが上がってレースでの勝利を求めるようになったら、メンバー個人個人の得意分野を見つけて戦略を練っていきます。**平坦でスピード勝負をするスプリンター、登りで力を発揮するクライマーなど、コースによって先頭に立つ選手や狙いを変えていくのです。**もちろん、オールラウンドに速く走れることがベストですが、それぞれの特性を活かすとよりチームワークの面白味や戦略性が増します。自分が頑張るポイ

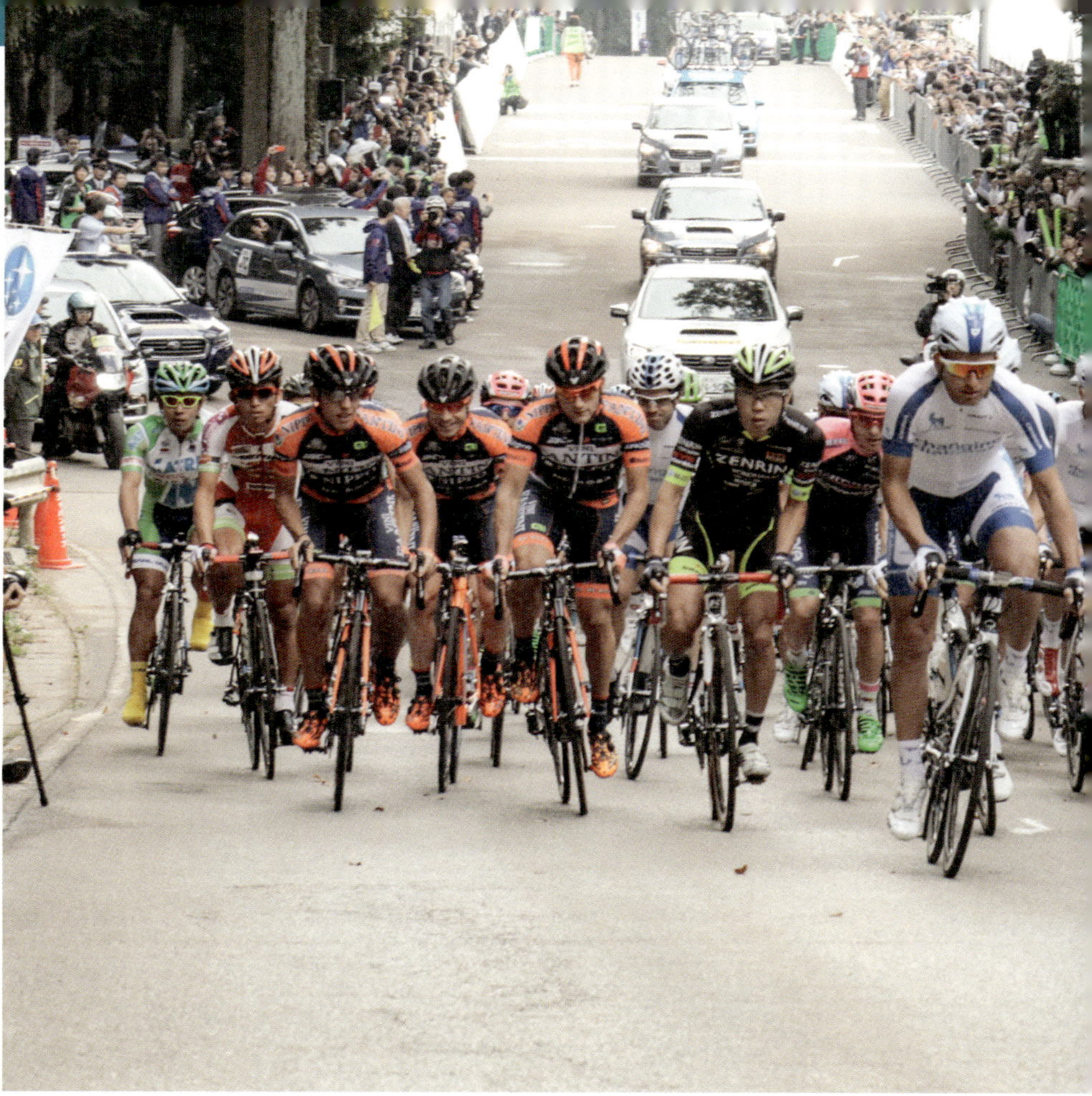

ントが見つかり、メリハリをつけてレースできるようになるので、個人としてもメリットがあります。

ある程度走れるようになれば特性も自ずとあらわれる

スプリンターやクライマーといったレーサーとしての特性は、練習をしていれば自ずとわかってくるものです。**ある程度練習すれば技術の得意・不得意が出てきますし、仲間とタイムを比べればコース別の速さが数字で明確にあらわれます。**

また、性格面や練習環境によって見えてくる場合もありますし、単純な好き嫌いで決めてしまう選手もいます。あまり深く考えず、走りやすさや楽しさを重視して得意分野を探しましょう。

自分の特性がわかれば、レースでのペース配分が考えやすくなります。コースを見て、「僕はクライマーだからここの山で勝負しよう」「最後のスプリントで勝負したいから登りは温存しよう」など、特性に合わせてペース配分のプランを決められます。しかし自分の思い通りの展開になることはほとんどないので、**レースでは常に変わる状況に対して臨機応変に戦い方を変えられる能力が求められます。**

コツ53 レースの種類
さまざまな形式のレースが開催される

CHECK POINT!
❶日本ではワンデイレースが特に盛ん
❷イベントカレンダーで情報を得る
❸会場まで注意してバイクを運ぶ

複数日かけて開催されるステージレース

レースで代表的なのはステージレースという形式で、複数日かけていくつかのステージに渡って競う。ひとつのレースを最終的な順位に加え、各ステージの順位、ポイント賞や山岳賞、区間賞といった各賞による成績を加えた総合成績を競う。

ツール・ド・フランスの規模になると3週間ものレース期間が持たれ、日本においても8日間で大阪から東京に向けてレースをするツアー・オブ・ジャパンが開催されている。しかしアマチュアにはほとんど普及しておらず、**一般のレーサーは1日で決着がつくワンデイレースに出場するのが基本となっている。**

POINT 1 日本ではヒルクライムとエンデューロが人気

日本で特に盛んに行われているワンデーレースは、ヒルクライムレースとエンデューロレース。ヒルクライムレースはその名の通り山を登るスピードを競うレースで、八ヶ岳や乗鞍岳など全国各地の山で開催されている。エンデューロレースは一定時間内でのサーキット周回数を競うルールで、チームを組んでメンバーを交代しながら走ることが多い。

POINT 2 イベントカレンダーで情報を集めレースにエントリーする

レースにエントリーする手順としては、まず年の初めにロードレースのイベントカレンダーが発表されるので、専門誌やショップで情報を仕入れて出場するレースを決める。年齢制限や申し込み方法もカレンダーに記載されているので、しっかりと確認しよう。現在では郵送でのエントリーは減っており、各レース主催者が開設するウェブサイトから申し込みできることが多い。

POINT 3 会場までの持ち運びでは破損に注意する

バイクを会場に持ち運ぶ方法は車が基本。その際には揺れで破損しないように、しっかりと保護・固定することが重要。免許、車のない若いレーサーは同じクラブの仲間などに乗せてもらうか、電車移動で運ぶ。その際には、専用の袋にバイクを分解して詰める"輪行"をする必要がある。スポーツバイク専用の宅配サービスもあるので、先に会場へ送ってしまうのも方法のひとつ。

プラスワントレーニング

60kmを目指して練習 レース出場時は車間に注意

初心者がいきなりレースに出ることは難しい。まずは安定的にライディングできるだけの技術を身につけることが重要。60kmの走行が可能になれば出場できるレベルにあるといえるので、このハードルを目標に練習しよう。なおレースの集団走行では、前のバイクが急に止まっても対応できるように、車間距離を長めにとることを心がける。レベルアップすれば、距離を詰めても走れるようになる。

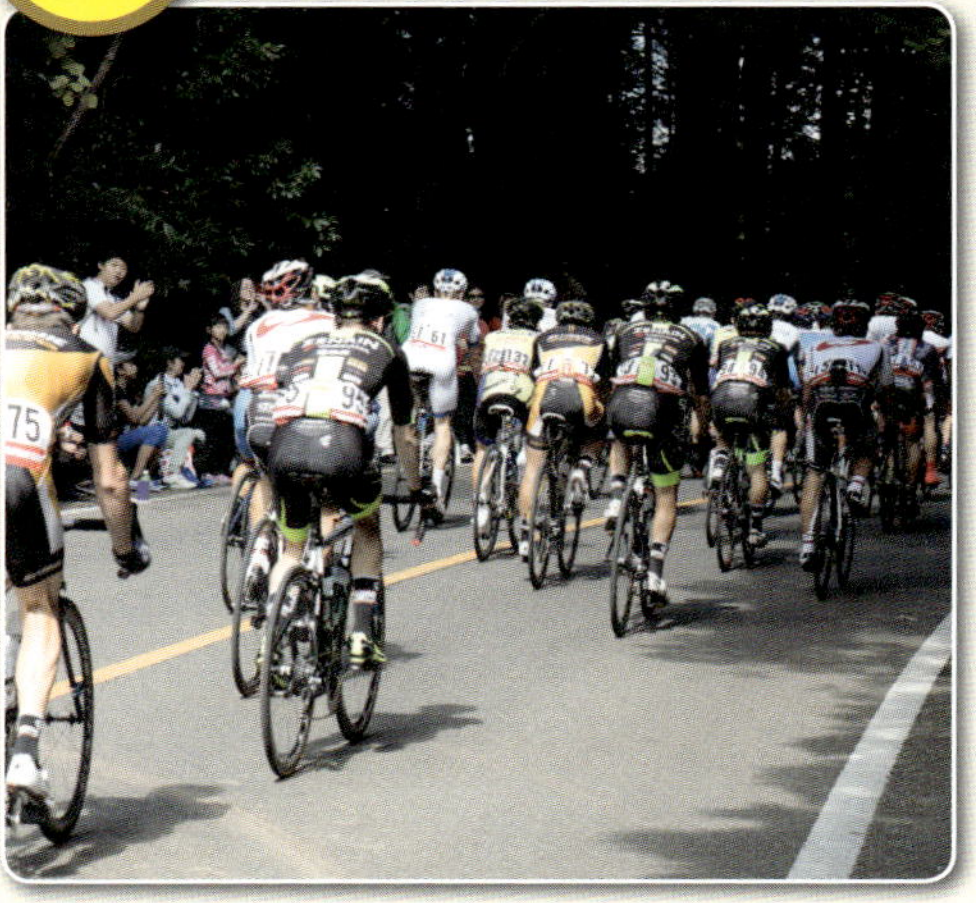

CHECK POINT!

1. 登りに長けるクライマー
2. スピード重視のスプリンター
3. オールラウンダーが理想型
4. 特性を活かした勝負どころを考える

コツ **54**

レーサーの特性

得意分野を見つけて戦術を立てる

自分の得意な走りで勝負する

レーサーはそれぞれ異なる特徴を持っており、レースでは各選手が自分の得意分野でチームに貢献する。登りで力を発揮するクライマーと、平坦のスピード勝負で活きるスプリンターが代表的。

　ほかにも速い巡航速度を持つルーラー、タイムトライアルで力を発揮するクロノマン、集団からの抜け出しに長けたパンチャーなど細かくある。あらゆる場面で高い能力を発揮するオールラウンダーがレーサーの理想だが、その域に達するのは容易ではない。**得意分野があれば戦術を立てやすくなる**ので、自分の特性から優位となるところを把握しておきたい。

POINT ❶ 軽い体で山を登っていくクライマー

軽量のレーサーはクライマーの適正があるといえる。山岳コースを登るためには、より重力がかからない体型が望ましいのだ。また、ヒルクライムは自分との戦いなので、粘り強くペダルを回し続けることができるメンタルも重要だ。

POINT ❷ スプリンターはパワーと勝気なメンタルで勝負

スプリント能力で平坦なコースを疾走するスプリンターは、強い力を発揮できる体格と瞬発系の筋肉を持つレーサーに適正があるといえる。また、他のレーサーと競争になるので、スプリント勝負で競り勝てる強気なメンタルの持ち主が望ましい。

POINT ❸ 高速維持が得意なルーラー登坂でのアタック力のパンチャー

ハイスピードを維持して走ることを得意とするルーラーとタイムトライアルのスペシャリストのクロノマンは近い存在。スプリンターの中でも登坂でのスプリントに強いタイプがパンチャーと呼ばれる。

POINT ❹ 自分の特性を見極めてレースでの勝負どころを考える

ロードレースは様々なコースで行われる。走りのタイプによってコースの得意、不得意が見えてくる。他の選手との差をつけるためには、どこで自分の力を発揮するべきなのかなどの戦略を、事前に立ててみよう。

CHECK POINT!
❶周囲に自分の意識をサインで伝える
❷手のひらを後ろに向けるとブレーキ
❸パンクしたら片腕をあげる

コツ55

レースのマナー⑪ハンドサイン

片手の動きで他のレーサーに伝える

自分の行動を腕を使って周囲に伝える

レースでは多くのロードレーサーが走り、車間距離が短い状況で走行することもしばしば。クラッシュを起こさないためには、**周辺のレーサーに対して自分の次の行動や状態を伝える必要がある。そのときに効果的な方法のひとつがハンドサインだ。**

鋭いカーブや前方で事故によってスピードを緩めざるを得ないときには、片方の手のひらを後方に見せて、ブレーキの意思表示をする。また、走行中にパンクしたら片腕を上げる。このとき、同時に「パンクです!」と声を出す。このハンドサインによって、周囲は前のレーサーがストップすることが理解できる。

CHECK POINT!

❶抜く際には声かけをする
❷左右どちらから抜くか伝える

コツ56

レースのマナー②声かけ

前のレーサーに抜く方向を伝える

声を出して走行しクラッシュを避ける

レースやイベントによっては、熟練度がまちまちで速く走れるレーサーとまだスピードの遅いレーサーが一緒に走る場合がある。その集団では速いレーサーが、前に抜き出て行くシーンが数多く起きるが、集団走行に慣れていないレーサーは急にふらつくことがあるので事故が起きやすい。

クラッシュを避けるために、**速いレーサーは抜く前に「右から抜きます」「左から抜きます」と、抜き去る意思とその方向を伝える。**これにより前のレーサーは後方の存在を認識でき、突然のコース変更などをせず抜かれるまで落ち着いて待てる。一言の声かけで危険が回避できるので、徹底して行おう。

コツ57

トレーニングQ&A⑪レースに向けての有効な取り組みは？

1日の中で多くの要素をミックスする

CHECK POINT!

❶いくつかの練習を1日の中で組み合わせる

❷体に疲労を感じたら切り上げる

レースを想定して練習 オーバートレーニングに注意

平坦な道を速く走行する練習や、ヒルクライムの練習などを、1日の中でミックスさせて取り組むと、多くのことが起きるレースを想定した有効なトレーニングとなる。

その際、常にレースをイメージしながら走行することが大切。しかしながら、練習の強度を上げすぎるとオーバートレーニングになるので注意。「明日もあるぞ」という意識でほどほどで止める。

ロードバイクのトレーニングは体力が切れると、一気に動けなくなるものなので、体に疲労を感じたら切り上げよう。無理しないことがコンディショニングにもつながる。

CHECK POINT!

❶ロードレースでは血行が良いことが重要
❷常に体を冷やさないようにする
❸むくみ防止を心がける

コツ58

トレーニングQ&A②体調管理のポイントは？

血行を意識して体を冷やさない

血の巡りを良くする習慣を身につける

ロードバイクの走行においては動作のパワーや持久力の点で、血行が非常に重要な要素となる。**血行が悪いと力を発揮できないので、ロードレーサーは体を冷やさない**ように意識しなければならない。特に脚部は気をつけるべきで、普段の生活から短いパンツはなるべく避ける。プロになると移動時はエアコンを警戒して、真夏でもロングパンツを履き、長袖のジャージを上まで締めているという。

むくみは、血流を阻害されることでできるので注意が必要だ。立ちっぱなしは避ける。そして、できるだけ毎日入浴するように心がける。また、水をたくさん飲むことも血流を促進できるので効果的だ。

コツ59

トレーニングQ&A③注意するべきケガは？

ヒザ・腰・アキレス腱の負担に気をつける

CHECK POINT!

❶ヒザと腰は特に注意
❷サドルのフィッティングが大切
❸体のケアを徹底する

バイクをしっかり体と合わせ疲労回復に努める

ロードバイクに乗っていて特にケガをしやすい箇所はヒザだ。**重いギヤを踏んでいると負担がかかり、関節をケガする危険がある。**さらに、サドル位置がフィットしていないと腰を痛める。前後高低の全てでちゃんと体に合わせないと負担がかかってしまう。また、サドルが高すぎるとアキレス腱を痛めることがあるので、フィッティングに気をつけよう。

バイクをしっかりとフィットさせることはもちろん、体のケアの徹底も重要な要素だ。ケガの原因の多くを占めるのは疲労の蓄積なので、疲労回復に努めよう。

CHECK POINT!
❶トッププロは毎日バイクに乗る
❷積極的に休養をとる
❸気分転換をする

コツ60

トレーニングQ&A④休養日の取り方は?

乗らない日を決めて心身を休める

ロードレースを頭から離しリフレッシュする

毎日トレーニングを重ねると、体だけでなく、メンタル面の疲労もたまってくる。**メンタル面はトレーニングに対するモチベーションの低下にもつながるので、積極的に休息日を入れる。**

プロ選手は休息日でも、ペダリングを崩さないように軽いライディングをするようにしている。また、シーズンオフなどでは、頭からロードバイクのこと忘れさせて、心身ともにリフレッシュさせるのも良い休息となる。

コツ+α **61**

トレーニングQ&A⑤モチベーションキープの方法は?

目標を設定して達成感を得る

CHECK POINT!

1. その日の到達点を決める
2. レジャーとしても楽しむ
3. 新しい道の開拓も効果的

ゴールや目的を作ってモチベーションを維持する

長く続けていると、ロードバイクに乗ることに対してモチベーションを保てなくなるときもあるだろう。その際には、手頃なゴールを決めて練習をするといい。「箱根の山を登りきろう」「有名なスポットで湧水を汲もう」など**その日の到達点となる目標を決めることによって、ゴールに向けてペダルを回せる**ようになり、達成感が次へのモチベーションにつながる。また、レジャーとしての楽しみも生まれ、非日常を体験する高揚感が生まれるだろう。

新しいコースを開拓することも方法のひとつ。初めての場所に行くと、また別の面白味を見つけられる。

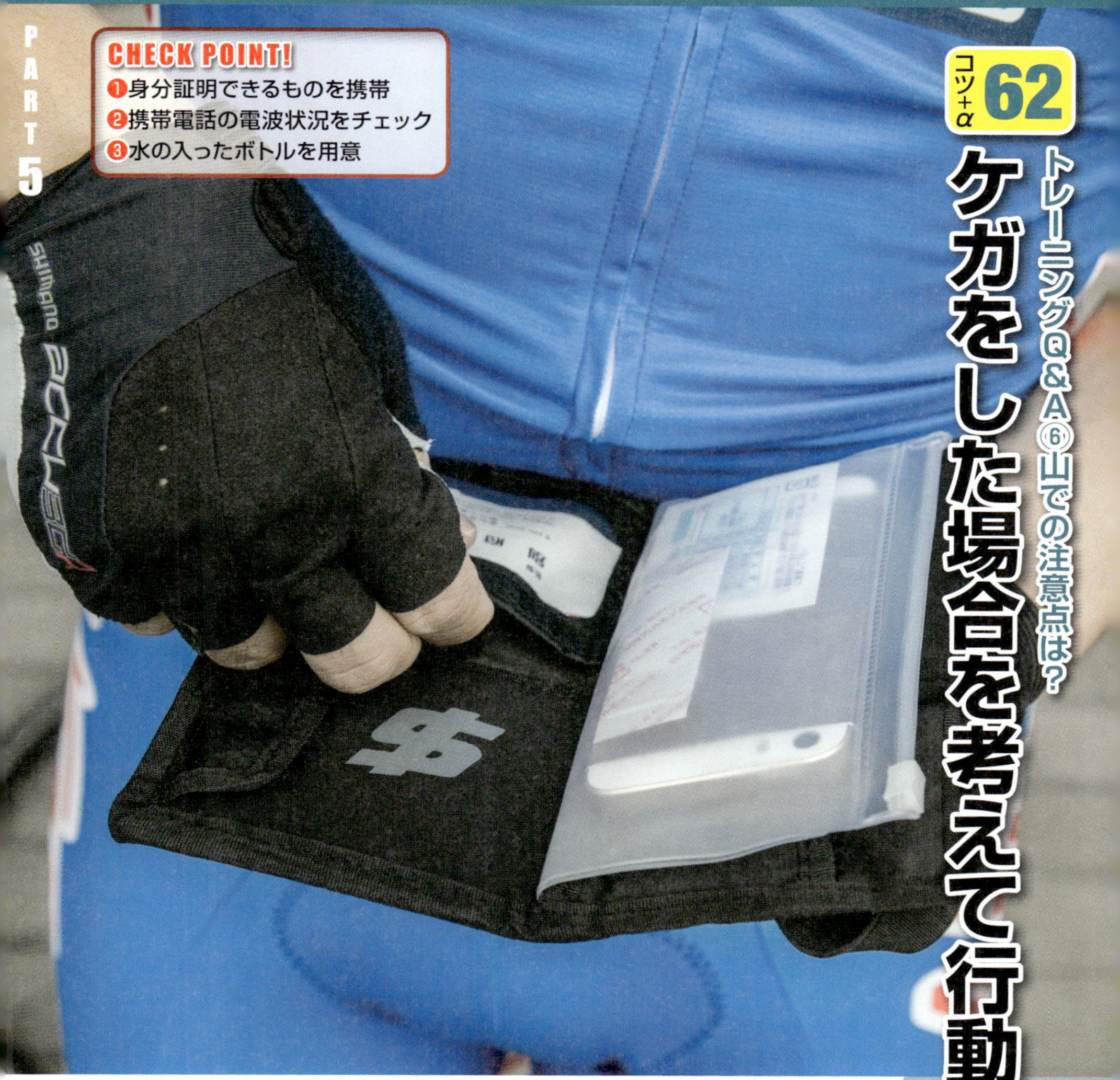

CHECK POINT!

❶身分証明できるものを携帯
❷携帯電話の電波状況をチェック
❸水の入ったボトルを用意

コツ+α 62

トレーニングQ&A⑥山での注意点は？

ケガをした場合を考えて行動する

身分証明と保険証を持ち電波状況も確認

山は周囲に人がいない道が多いので、練習する際にはケガを負った場合を想定しておくことが大切。できれば2人以上で行動し、**1人で走行する場合は身分を証明できるものや保険証、携帯電話は欠かさず持っていく。**また山深い場所だと電波が通じないことがあるので、電波状況の確認も忘れずに。最も近くにあるコンビニなど人のいる施設をチェックしておくことも重要だ。

さらに、水の入ったボトルを用意しておく。これにより、転倒によって裂傷を負っても傷口を洗うことができる。ボトルは2本用意して、1本は水分補給のドリンク用、1本は真水にしておくと良い。

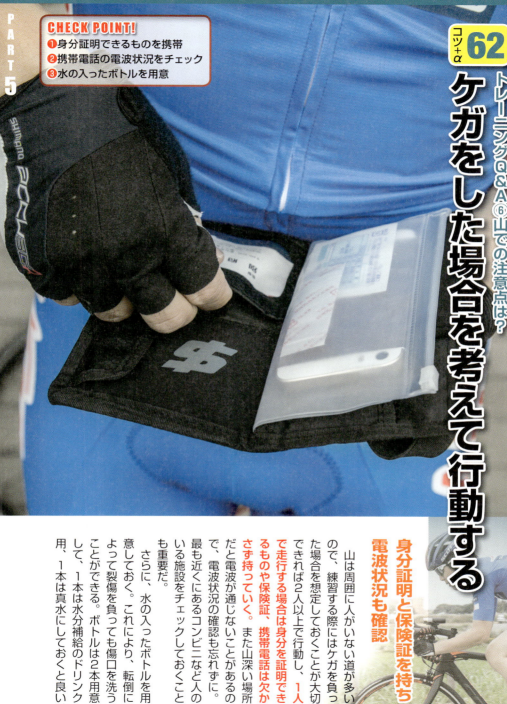

おわりに

弟である別府史之がツール・ド・フランスを完走するなど、日本のレベルは確実に上がっていると思います。しかし、それでもまだ日本はロードレースの後進国であり、世界とは大きな開きがあります。やはりロードレースはヨーロッパのスポーツであり、世界規模のレースはヨーロッパで多くが開催されているので、若く志のあるレーサーには、早くから高い目標を持って、海を渡ることを視野にいれてもらいたいです。

史之は子どもの頃からヨーロッパを目指していましたし、同じ志を持つ同年代の仲間がいるクラブで技術を磨いたことが素晴らしい結果につながっています。もちろん兄弟がヨーロッパで走っているという理想的な環境が揃っていたこともありますが、モチベーションを持って頑張ったからこそ結実したのです。

この本から多くの新しいレーサーが生まれ、日本のロードレースのさらなる飛躍の助けになれば幸いです。

愛三工業レーシングチーム監督
別府 匠

別府 匠

(べっぷ たくみ)

1979年9月29日生、神奈川県出身。1998年に日本鋪道（現・NIPPO）の育成チームに入団し、フランスやイタリアなどの欧州レースに参戦。2004年より愛三工業レーシングに移籍し、ツアー・オブ・ジャパンの第2ステージで優勝など活躍を見せる。2005年には実業団ランキング1位となり、また日本ナショナルチームの代表として長期ヨーロッパ遠征に参加し、スイス・イタリア・ベルギーのレースを転戦する。2010年に現役を引退し、2011年より愛三工業レーシングチームの監督を務める。日本人初ツール・ド・フランス完走者である別府史之は実弟。

staff

●カメラ　中林正二郎
●デザイン　田中宏幸
●執筆協力　ヤマサキセイヤ
●協力　有限会社ブルーフォート
●編集　株式会社ギグ（長谷川創介）

ロードバイク ライディングのコツ60
プロが教える基本&トレーニング

2019年7月20日　第1版・第1刷発行

監修者　別府 匠（べっぷ たくみ）
発行者　メイツ出版株式会社
代表　三渡　治
〒102-0093 東京都千代田区平河町一丁目1-8
TEL：03-5276-3050（編集・営業）
03-5276-3052（注文専用）
FAX：03-5276-3105
印　刷　株式会社厚徳社

ISBN978-4-7804-2223-8 C2075 Printed in Japan.

ご意見・ご感想はホームページから承っております。

メイツ出版ホームページアドレス　http://www.mates-publishing.co.jp/

編集長：折居かおる　副編集長：堀明研斗　企画担当：大羽孝志/堀明研斗

※本書は2015年発行の『ロードバイク　最速トレーニング～プロも実践！レースで勝つコツ60～』を元に加筆・修正を行っています。